명리 진학정보론

국립중앙도서관 출판시도서목록(CIP)

(명문대 학생들을 모델로 한) 명리 진학정보론 / 지은이: 홍재관, 안
성재. -- 서울 : 상원문화사, 2014
    p. ;   cm

표제관련정보: SC대 재학생을 기준한 진학분석!
ISBN 979-11-85179-03-2 03180 : ₩20000

명리학[命理學]
진학 지도[進學指導]

188.5-KDC5
133.3-DDC21   CIP2013028580

명문대 학생들을 모델로 한

명리 진학정보론

홍재관 — 안성재 共著

祥元文化社

이번에 출간하는 서적은 명문대 중 명문대에 속하는 서울대학교 재학생을 중심으로 설문조사를 실시하고 설문응답에 의한 결과를 분석하여 나열하였다.

주 내용으로는 진학과 관련된 내용을 다루었고, 교육학에서 바라보는 진학안내와 심리학에서 안내하는 교육방법에 대해 나열하며, 명리학에서는 어떻게 정보를 제공해야 하는가를 분석하기 위함이다.

서울대를 진학한 학생들은 설문응답시 어떤 결과가 나오는가를 명리학을 통하여 최초로 밝혀보았다. 앞으로 대학을 진학하는 학생들에게 많은 도움이 될 것을 희망하고, 역학인이 진학상담에 필요한 자료로 남길 바란다.

설문문항을 토대로 분석을 하였으며 학부과정부터 대학원생에게 이르기까지 대상을 정하지 않고 설문조사를 실시하고 그 결과를 명리학의 격국을 통하여 밝혔다. 설문문항을 기준하여 그 결과를 도표에 의하여 정리할 수 있었다.

癸巳年 甲子日

홍재관·안성재

본서의 내용들은 명문대에 입성한 학생들을 대상으로 통계분석한 내용으로 이루어져 있다. 이렇게 명리학을 통하여 통계분석된 자료가 배출되고 있다는 것을 매우 환영하며, 진학지도에 많은 이정표의 역할을 할 것이라 믿어 의심치 않는다.

격국을 정하는 이론에 대해 새로운 패러다임을 구축하였고, 진학계열을 8개로 분류하여 분석한 서적이다.

명리학은 인간에게 길흉화복을 예지해 주는 유일한 학문임을 역학인은 모두가 인정한다. 특히 청소년에게 꿈과 희망이 되어줄 수 있도록 계열이나 학과에 대해 연구한다는 것이 쉽지가 않다. 학부과정이나 대학원과정이 아니면 엄두를 내기 어렵다. 금번 국제문화대학원대학교 미래사회교육학을 전공하고 있는 홍재관, 지도교수이신 안성재 교수께서 진학에 대한 지평선을 열어주는 계기라고 본다.

명문대생들을 기준하여 격국과 계열과의 관계, 일간과 계열과의 관계, 설문응답을 통한 자료 발췌 등등 어느 서적에서 쉽게 찾아보지 못한 이론들을 나열하였다. 학생을 대상으로 설문조사를 실시하고 설문응답을 토대로 이론을 정리한 서적! 앞으로 명리학의 미래가 더욱 아름다울 것이라 예견하였다.

이 한 권의 책을 통하여 진학상담에 더 한층 자신감을 얻을 것으로 보며, 기쁜 마음으로 추천사를 쓰는 바이다.

한국전통과학아카데미

원장 **유 방 현**

前 글로벌 사이버대 전통문화학부 동양학과 교수

現 동방대학원 문화교육원 명리학 최고지도자과정 책임교수

서경대학교 경영대학원 현대명리 최고지도자과정 책임교수

한국전통과학아카데미 원장

|目次|

PART 01

연구의 구성

멍키 진화정보론

1
문제의 제기

학생들의 진학과 관련하여 학교에서는 진로상담교사를 배치하여 학생들의 진로에 대하여 상담과 안내를 해주고 있다. 진로를 결정하는 방법으로는 교육학이나 심리학에서 다양한 이론을 접목하여 정보를 제공하고 있다. 나아가 MBTI이론이나 다중지능이론을 통하여 진로에 대해 상담을 해주고 있으며, 에니어그램을 통해서도 진로에 대해 안내를 해주고 있다.

명리학에서도 사주를 기준하여 선천적성을 알려주고 있다. 학생들의 진로에 대해 교육학이나 심리학에서는 성적을 1차적으로 기준하여 정보를 제공하고 있는 것이 현실이다. 명리학에서도 선천적성에 대해 구체적으로 통계 분석된 자료에 의하여 정보를 제공해 주는 데는 미흡함이 많아 본 연구에서는 서울대에 진학한 재학생을 대상으로 격국을 기준하여 계열과의 관계성을 살피고 분석을 통하여 도출할 수 있었다.

하나의 집단을 통하여 설문조사를 실시하고 설문에 의한 통계 분석된 자료가 명리학에서 필요하여 명문대 재학생을 대상으로 자료를 발췌하여 학생들의 진로에 정보를 제공하려는 필요성을 느꼈다.

② 연구의 방법

서울대를 진학한 학생을 대상으로 설문조사를 실시하여 설문 응답한 내용을 기준으로 다음과 같은 내용들을 분석하였다.

1 생년월일시를 기준하여 격국을 분류하고 격국과 계열과의 관계를 IBM/SPSS 20.0 자료를 발췌하였다.

대상자 재학생	설문 실시 예상인원	설문결과	격국분류	계열	결과
	남학생				
	여학생				

2 일간과 계열과의 관계에서 나타나는 현상에 대해 나열한다.

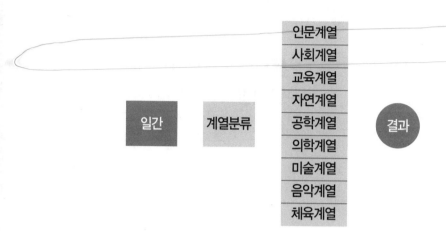

3 일간을 기준하여 대학을 진학한 연도가 십성으로 어떤 해가 유리하였나 분석한다. 일간과 진학한 연도가 12운성으로 어떤 관계일 때 유리하였나 분석한다.

4 일간과 해당되는 대운의 십성관계를 분석한다.

5 일간 및 격국과 서울대학교(후)와의 관계가 십성으로 어떤 관계인가 분석해 본다.

6 설문응답한 문항을 기준하여 문항별 자료를 분석한다.

❸
연구의 제한

■ 본 설문조사 방식은 학년에 관계없이 서울대학교 재학생에 국한하였다.

■ 학과별로 설문조사를 실시하기가 어려워 전공과 관계없이 330명을 설문
조사하기로 하였다.

■ 타 대학교의 학생이 서울대를 방문하여 설문조사에 응답한 경우는 제외
하였다.

■ 남녀의 인원에 제한을 두지 않고 설문조사를 실시하였다.

■ 여름방학(계절학기) 중 토요일을 택하여 1일 도서관을 찾는 재학생을 대
상으로 설문조사를 마치는 것으로 제한하였다.

■ 타 대학에 재학 중인 학생은 설문조사에 제한을 두었다.

PART 02

진학상담에 관한 이론

맹귀 진화정보론

1
교육학의 진로 이론

본 저자가 박사과정에서 『격국·용신과 전공 선택과의 상관관계』[1]에서 설문응답의 내용 중 학교와 학과 중 어느 것이 더 중요한가에 대해 설문조사를 실시하였다. 과거에는 명문대를 진학하면 학연·지연 등으로 직장을 선택하는데 어려움이 없이 취업을 하였으나, 현재는 졸업을 하고도 취업난에 시달리는 내용을 방송을 통해 접하고 있다.

그래서 설문조사에서 학생들의 인식변화에서 어떻게 나타나고 있는가를 분석해 보았다. 그 결과 학교보다 학과가 더 중요하다는 설문응

---

1) 안성재, 『격국.용신과 전공 선택과의 상관관계 연구』, 동방대학원대학교 미래예측학과, 명리, 인상학 전공 박사학위, 2011
주요내용 : 통계분석을 실시하여 나타낸 논문이다. 통계분석을 실시하기 위하여 인문계 고등학교(남 1개 학교, 여 1개 학교) 3학년 진학생을 대상으로 설문조사를 실시하였다. 1차, 2차 설문조사를 실시하여 결과를 밝힌 논문이다. 교육과학기술부에서 대학을 진학하는 비율에 대해서도 일치성 여부를 검증하였고, 학생이나 학부모가 인식할 주 내용이 학과가 더 중요하다는 내용이 논문에 기록되어 있다. 격국을 정하는 방법이나 용신을 선정하는 방법에 대해서도 3명의 박사학위자를 통하여 통계 분석한 내용 외에도 격국을 통하여 계열과의 관계성을 나타냈다.

답이 49.75%에 해당하였고 학교가 더 중요하다고 응답한 학생이 30.82%였으며, 잘 모르겠다고 응답한 학생이 19.43%에 해당하였다. 그만큼 대학을 진학하는 학생들이 가장 중요시하는 것이 학과라는 것을 연구의 결과에서 밝혔다.

현재 학교에서는 담임선생님이 진학에 대한 상담을 제시하기도 하고, 진로상담 선생님이 학생들의 진학상담을 주도하는 것으로 알고 있다. 그런데도 많은 학생들이 과연 담임과 미래를 위한 진로상담이 얼마나 이루어지고 있는지, 진로상담교사와 고민을 하면서 진로에 대해 제대로 상담이 이루어지고 있는지 구체적으로 제시하기가 어렵다고 보았다.

많은 학원가에서는 학생들의 진로상담을 진행시 성적을 기준하여 가장 점수가 뛰어난 과목을 중심으로 문과, 이과로 안내를 하고 있다.

본 서적을 출간하기에 앞서 교육학에서의 진로상담과 심리학에서의 상담방법에 대해 알고자 한국진로교육학회[2]를 방문하여 근거자료나 데이터를 요청하였으나 최종 결론은 성적을 중심으로 하여 자기주도 학습에 의한 성적향상이 곧 명문대나 좋은 학과를 가는 것으로 결론이 내려지게 되었다.

사회는 빠르게 변화하고 전문화된 지식과 기술을 가진 인재들만을 요구하는 시대로 변화되었다. 학창 시절 때부터 현명하게 자신의 진로

---

2) 한국진로교육학회, www.careeredu.net, 『교육과학기술부』, 학생 발달 단계에 따른 「학교 진로교육 목표와 성취기준」을 마련하여 발표하였다. 2012. 05. 01. 국가, 교육청, 학교에서 도달해야 하는 학교 진로교육의 목표를 설정하고, 초·중·고 학교 급별로 달성해야 할 세부 성취기준 및 지표를 마련하여 학교 진로교육의 기본 틀과 방향을 제시하고자 하였다.

를 선택하고 결정지을 수 있도록 도와주는 역할과 기능이 절실히 필요하다고 생각한다. 진로지도 교육이 중요함에도 불구하고 오늘날 한국의 청소년들은 자기 자신에 대한 이해가 부족하고, 장래에 할 수 있는 직업들이 어떠한 것들이 있는지, 그것이 지닌 가치관이 어떠한 것인지에 대한 탐색의 기회를 거의 가지지 못하는 있는 것이 현실이다.

시대적 요구에 뒤쳐지지 않고 현대사회에 적응하여 자신의 역할을 제대로 수행하고 행복한 삶을 살아가는 사람을 양성하기 위해서는 직업의 종류가 엄청나게 다양함에도 불구하고, 단순히 학교성적에 자신의 미래 직업을 끼워 맞추어 대학 진학을 하는 경우가 아직도 30%에 이르고 진로 선정을 하지 못하고 헤매는 학생이 19%에 이르렀다.

학생들이 자기가 가질 직업을 현명하게 선택하는데 있어 학교에서는 직업을 탐색할 수 있는 기회를 충분히 주어야 하나, 현재 우리나라 학교현장은 적성을 고려하지 않고 성적만을 중시하는 입시 위주의 교육으로 인해 자녀 진로에 대한 학부모의 인식 부족, 교사들의 진로지도 능력 부족, 진로지도 프로그램의 미비 등으로 진로지도 교육에 많은 문제점이 대두되고 있는 것이 사실이다.

그러다 보니 대학을 들어가고 나서 진로에 대한 고민이 전공을 선택하고 나서 자신의 적성과의 관계를 고민하게 된다. 자신의 전공에 만족하지 못한 학생들은 대학입시를 다시 고민한다든지 전과를 하게 된다. 그렇지 못한 학생들의 경우에는 진로에 대한 갈등이 더욱 심해지면서 스스로에 대해 좌절을 겪는 일이 너무나도 많이 일어나고 있다.

■ 진로교육의 실태

고등학교의 진로교육[3]에 대한 연구결과에 따르면 기존의 진로교육은 지속적, 연속적인 과정으로서의 교육이 아닌 일회성인 검사에 그치거나, 검사결과와 진로를 단선적으로 연결시킴으로써 학생의 진로선택, 의사결정을 돕는 역할을 수행하기에는 문제점이 많다고 한다. 더구나 업데이트 되지 않는 검사도구와, 검사도구의 사용에 있어서 교사집단의 전문성 부족, 검사 도구의 선정과정에도 많은 문제가 있다고 한다.

가. 진로교육과 진로과정

① 진로지도에서 얻을 수 있는 정보를 토대로 1:1의 관계에서 상담에 응하여 진로 배치에 이르도록 도와주는 활동으로 직업선택 문제나 진학문제를 다룬다.

② 진로인식, 진로탐색, 진로준비 과정에 필요한 진로계획에 따르는 모든 활동을 포함한다.

---

3) http://www.edunet4u.net/teacher/etc/directory, 고등학교 진로교육 지도자료.
  1. 진로준비 단계에 있는 고등학생들의 진로선택과 준비에 실질적인 도움을 줄 수 있도록 한다.
  2. 고등학교 학생들에게 자신의 자아탐색을 통하여 직업적 자아에 대한 이해를 높이고, 자신의 적성, 흥미, 성격을 객관적으로 파악하여 자신에게 적합한 진로접근 계획을 세우고 실천하도록 한다.
  3. 학생들이 직업에 대한 이해와 바람직한 직업적 가치 탐색을 통하여 직업적 가치관의 다양화와 급변하는 직업 세계에 적응하고 대응할 수 있도록 한다.
  4. 합리적인 의사결정 및 진로선택 능력을 함양하고 다양한 진로 계열과 학과 중에서 소질과 적성을 중심으로 목표를 설정하며 그것을 준비하는 과정으로서 진로교육이 되도록 한다.
  5. 맹목적 진로선택을 위한 도구적 교과 교육을 지양하고 진로교육 활동 과정에서 즐거움을 느끼며 자신의 진로선택에 흥미와 자신감을 갖도록 한다.
  6. 자신의 진로선택과 의사 결정에 따른 목표를 실현하기 위해 자신의 학습 동기 및 환경을 잘 관리하고, 학습 능력을 향상 시켜 궁극적으로 진로 선택 능력을 함양하고자 한다.
  7. 자기와 타인 이해를 바탕으로 진로개척과 직업생활에서 필요한 타인과의 원만한 인간관계 및 의사소통을 위한 능력을 기른다. 또한 자신과 자신의 비전을 스스로 관리하고 개척해 가는 능력을 기른다.
  8. 진로교육을 지도하는 교사들이 손쉽게 활용하는 지침서이자 자료집이 되도록 한다.

③ 학생의 소질, 적성, 흥미, 태도, 희망 등의 조사자료+직업정보→진로결정, 직업선택, 진학학교 선택, 취업알선, 취직 후 적응의 원만함과 진로에 만족감을 갖게 상담한다.

④ 초창기 : 진로교육보다 진로상담, 직업상담이란 용어를 더 많이 사용 진로문제의 비중 높아짐-진로상담은 진로교육을 위한 방법이다.

나. 진로교육이 중시된 배경

(1) 개인적 측면

① 자아특성의 발견과 계발

② 다양한 일과 직업세계의 이해

③ 적극적 가치관, 태도육성

④ 진로선택의 유연성, 다양성 제고

⑤ 능동적 진로개척능력, 태도육성

(2) 사회적 측면

① 인력개발

② 재수생 문제 완화

③ 청소년 비행 문제 예방

④ 건전한 직업윤리관 확립

⑤ 국민 전체의 직업생산성 제고

다. 진로교육의 의의

● 행복한 개인, 생산적 사회인으로서 사회에 봉사, 자아실현 위해서 적

성에 맞는 직업선택, 능력 신장시키는 일 등의 직업적인 문제와 인생 모든 문제를 폭넓게 슬기롭게 대처하는 능력과 소양이 필요하다.

◉1970년대 초 : 학문지도와 직업지도의 통합

◉초등학교 진로적성검사[4]의 필요성으로는 3, 4학년(자신의 진로에 관심) → 6학년(잠정적 자신 진로선택)

Ginzberg: 각각의 진로결정

① 사전경험에 기초

② 미래의 결정에 영향

③ 노출된 활동 및 경험

---

4) 가. 초등학교 진로적성검사 1 – 다중지능검사.

　다중지능검사는 재능과 잠재력을 탐색하여 알아보는 진로 직업방향 검사도구이다. 아이의 지적인 발달 능력이 어떤 지능발달 유형을 알아보는 것으로서 하워드 가드너 박사의 다중이론을 근거로 8가지 지능발달 유형을 측정 평가하는 검사도구이다. 기존의 IQ 검사는 학습 능력을 알아보는(지능발달 지수) 것이지만, MIQ 검사는 어떤 지능이 많이 발달했는지를 통해 마음과 행동, 지적인 발달 영역이 어떤 재능과 잠재력으로 잘 발현되고 있는지(지능발달 유형, 즉 강점지능)를 알아보는 것이다.

　나. 초등학교 진로적성검사 2 – 스트롱 진로발달 검사

　스트롱 진로발달 검사는 자신에 대한 진로인식을 어떻게 생각하고 있는지 알 수 있으며, 자신의 성향과 직업에서 요구하는 직업적 성향 특성을 상호 관련성이 어느 정도 적합한지를 알아봄으로서 자신의 직업유형을 탐색하는 검사이다. 직업심리학자 홀랜드 박사의 〈직업적 성격 유형 이론〉을 근거로 6가지 직업유형 중에서 자신의 유형을 알아보는 검사도구이다. 다소 변화된 한국인 특성과 한국 사회 변화를 적용하여 최근 개발된 심리검사 진단도구 이다.

　다. 초등학교 인성검사 – MMTIC 검사.

　심리학자 융의 〈심리 유형 이론〉을 근거로 마이어스–브릭스가 MBTI 검사 유형을 개발하였으며, 20년 전 한국에 도입되면서 한국인의 특성에 맞게 개발된 성격유형 검사도구이다. 일반적으로 MBTI(Form M 과 Form Q 두 가지 도구)로 불리며, 어린이 청소년용은 MMTIC라 한다. MBTI는 자신이 심리 행동적으로 잘 선호하고 사용하는 4가지 주요 기능을 8가지 유형으로(4극 8가지 선호지표) 분류하며, 이를 각각의 특성에 맞게 16가지 성격유형으로 나타낸다. 자신의 성격유형 뿐만 아니라, 자신의 학습유형, 진로와 직업유형 등등을 탐색하고 자신을 이해하는데 도움이 되는 검사 도구이다. 검사대상은 초등학교 3~6학년용이며, 자기 보고 평정식이다. 검사내용과 측정영역은 아래의 그림과 같다(참고 : 아래 그림의 내용은 MBTI Form M으로 나타나 있지만, MMTIC의 결과도 같은 내용이다).

〈출처〉

　초등학교 진로교육 활용 진로적성검사 진로발달검사 단체심리검사도구 소개(행복한 진로상담 멘톡 /에니어그램, 다중지능, 적성검사, 직업상담)

2
심리학 이론

    심리학[5]의 정의로는 인간의 행동과 정신과정을 연구하는 일종의 과학이다. 그 목적은 행동을 묘사, 측정, 통제하고 설명하는 것이 주된 목표며 더 나아가 인간의 삶을 풍요롭고 윤택하게 할뿐만 아니라 인간

---

5) 심리학을 어원상으로 보면 사이키(psyche)의 학문이라는 말로, 즉 '마음의 학문'이라는 뜻이 되지만 그렇다고 심리학을 마음의 학문이라고 정의하기는 어렵다. 심리학이 연구대상으로 삼는 '마음'이라는 것은 다의적(多義的)인 동시에 다차원적(多次元的)이기 때문에 이 마음의 어떤 측면, 어떤 차원을 대상으로 삼는가에 대해서는 시대적으로도 입장과 학파에 따라 차이가 있고, 각 학파나 시대에서 제기하는 정의라는 것 또한 꼭 같지는 않다.
    예컨대 고대에서 중세까지의 마음의 탐구는 전적으로 마음을 구성하는 실체는 무엇인가를 깊이 생각하는 이른바 영혼심리학이었고, 근세 이후 경험적 입장을 취하게 되면서부터는 우선 마음의 경험적 측면인 '의식'을 연구대상으로 하는 의식심리학이 대세를 차지했는데, 그것과는 대립되는 심적 작용(心的作用)의 연구가 심리학의 과제가 되어야 한다는 이른바 작용심리학도 출현하였다. 이윽고 행동주의가 대두하자 직접적으로 경험되는 의식을 배격하고, 행동관찰에서 접근하는 심리학을 제창함으로써 '행동의 과학'으로서의 심리학을 제기하였다.
〈참조항목〉
개인심리학, 경제심리학, 경험적 심리학, 심리측정, 교육심리학, 교정심리학, 기능심리학, 내용심리학, 뉴룩심리학, 능력심리학, 발달심리학, 비교심리학, 사고심리학, 사회심리학, 산업심리학, 색채심리학, 생리학적 심리학, 생태학적 심리학, 수리심리학, 실험심리학, 심리학사, 아동심리학, 응용심리학, 의식심리학, 임상심리학, 재판심리학, 종교심리학, 차이심리학, 행동심리학, 게슈탈트심리학, 긍정심리학
〈네이버 지식백과〉 심리학 [psychology, 心理學] (두산백과)

복지를 촉진하는 수단으로 사용된다. 측정방법은 과학적인 실험을 통해 이론을 성립하고 증명하기에 과연 과학이라고 칭할 수 있다.

■ 심리학의 활용영역

가. 교육심리학

학습과정의 심리적 측면을 연구하는 분야이다.

주로 학생을 대상으로 학습지도, 진로지도, 사회생활 적용 등을 다룬다. 또한 지능검사[6], 적성검사, 성격검사까지 실시하여 그 결과를 해석해 주며, 그것을 토대로 교사나 학부모가 학생에게 가장 적합한 지도방법을 추천해 주기도 한다.

나. 상담 심리학

주로 상담사[7]들이 사회적, 정서적인 적응과 심각한 문제 등을 가진 일시적 정신장애를 일으키는 사람들을 돕는다. 일하는 장소는 대개 학교, 공장, 회사, 군대 등의 상담소이며 능력, 흥미, 적성 검사하거나 심리치료를 해주기도 한다.

---

6) 한국지능적성검사연구소, http://www.kiar.co.kr/ k-war 학습진단검사, 검사자의 기초학습능력을 측정하여 잘하는 과목과 부진한 과목을 파악하여 보완하고 증진시켜주기 위한 목적의 검사이며 초등학교에서 고등학생까지 검사가 가능하다. 검사영역으로는 어휘능력, 언어추리, 수리영역, 수공능력, 추리능력, 공간지각능력에 대해 검사 실시.
7) 상담 심리학과는 말 그대로 다른 심리학보다 상담 심리학에 대해 깊이 배우게된다. 심리학의 경우 임상심리, 범죄심리, 사회심리, 성격심리 등등을 전부 포함해 심리학이라 하며 상담 심리학은 상담 심리를 배우는 학과를 상담 심리학과라 한다.

다. 임상 심리학

심리학 분야[8] 중 인원종사자가 가장 많은 분야로써 정신질환을 앓고 있는 사람들을 치료한다. 정신과 의사는 박사학위를 받고 특별훈련을 마쳐야 하고 또 인턴과정을 수료해야 하는 전형적인 의사이므로 약을 처방해 주기도 하거나 다른 의료절차를 사용할 수도 있다. 정신분석가와 협력하여 일한다.

라. 성격 심리학

성격 심리학은 행동의 개인차를 연구하는 분야이다. 개인차의 관심을 두기 때문에 실용적으로 성격을 분류하고 독특한 자질을 파악하는데 관심을 가진다.

어떻게 발달하는지를 추구하는 것이 이들 심리학자들의 과제이다. 또한 이 영역은 사회 심리학과 발달 심리학에 중첩된다.

② 에니어그램의 유형

에니어그램은 9가지 타입을 통하여 진로에 대한 정보를 제공한다. 설문조사 방식을 토대로 분석하여 결과를 도출하는 방식으로 주로 행동과 내재되어 있는 성격심리를 활용하여 진로에 대한 정보를 제공해 주게 된다.

---

8) 인간의 심리적 제 문제의 진단과 치료에 관한 심리학으로 이론적, 조사적 연구라는 리서치의 체계이기도 하다. 진단방법은 전통적으로 심리진단 기술이며 각종의 임상테스트가 그 수단이다. 거기에는 지능이나 성격을 측정하는 심리검사가 있어 정신위생의 영역에서 의학과 중요한 역할을 하고 있다. 임상 심리학의 실천을 심리임상이라고도 하는데 이 분야에서 테스트 이외의 방법인 치료적 접근은 눈부시게 진보했다. 특히 개인이나 소집단의 심리요법 내지 카운슬링을 비롯해 행동의 변용을 위한 그룹이나 감수성훈련, 인카운터그룹 등 각종의 집단방법이 개발되고 있다.
〈네이버 지식백과〉 임상 심리학 [clinical psychology] (사회복지학사전, 2009.8.15, Blue Fish)

에니어그램(Enneagram)은 사람을 9가지 성격으로 분류하는 성격 유형 지표이자 인간 이해의 틀이다. 희랍어에서 9를 뜻하는 ennear와 점·선·도형을 뜻하는 grammos의 합성어로, 원래 '9개의 점이 있는 도형'이라는 의미이다. 대한민국에서는 2001년에 표준화를 거친 한국형 에니어그램 성격유형검사(KEPTI)가 정식으로 출판되었다.

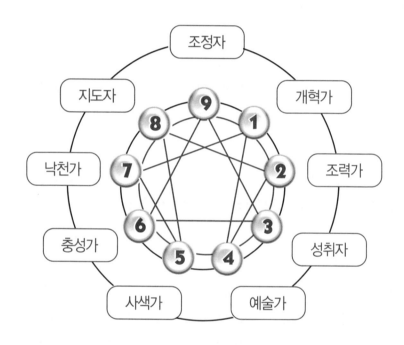

가. 9가지 유형

에니어그램[10)의 성격유형은 보통 이 9가지 유형을 일컫는다. 1에서 9까지의 숫자로 명명된 9가지의 유형은 3가지 힘의 중심에서 세분화된 에니어그램의 기본유형이다. 각 유형의 특징을 알기 쉽게 설명하기 위해 많은 학자들이 각자 다른 별칭을 붙이고 있으나 숫자로 부르는 것이 원칙이다. 각 숫자에 좋고 나쁜 가치가 부여되어 있지는 않다. 따라서 숫자가 크다고 좋거나, 작다고 나쁜 성격은 아니다.

Ⓐ 1번 개혁가 유형

이성적이고 완벽주의적인 유형이다. 이들은 스스로의 이상을 실현하기 위한 노력을 아끼지 않는다. 이들의 근본적인 두려움은 부도덕함과 결함이 있는 것에 대한 두려움이다. 이 때문에 완벽하고 올바른 것에 집착한다. 이들은 '완벽주의자', 혹은 '개혁가'라는 별칭을 가지고 있다.

- **장점** ☞ 매사에 완벽하고 끝맺음이 정확하다. 공정하고 정직하다. 깔끔하다. 자제력이 있다. 믿음직하다.
- **단점** ☞ 세부사항에 지나치게 집착한다. 지나치게 비판적이다. 인간관계를 별로 중요시하지 않는다. 독선적이고 강박적이다. 매우 완고하다. 사소한 일에 걱정이 많고, 흠잡기를 좋아한다.

여기에 속한 사람은 바른 생활자다. 모든 것을 완전하게 하려고 하

---

10) 인간 본성 파악의 수단이자 신앙의 도구로 국내에서도 많은 이들이 빠져들고 있는 에니어그램의 역사는 약 4500년 전으로 거슬러 올라간다. 당시 문명이 번성했던 중동(현재의 아프가니스탄)에서 축적된 고대인의 지혜는 '모든 인간의 본질을 9개 유형으로 나뉘며' '각 유형의 수는 균등하다'는 2대 명제를 가진 에니어그램을 탄생시켰다.
◆ 비전되어 온 고대인의 지혜=에니어그램은 이슬람의 여러 종파 가운데에서도 신비주의를 추구한 수피파에서 지속적으로 발전·유지돼온다. 특히 수피즘은 에니어그램을 사람의 내면을 꿰뚫어보고 영혼을 지도할 수 있는 '1급 비밀'로 취급해 유형별 인성의 특징과 구분 방법 등을 지도자가 2명의 제자에게만 전수하는 식으로 비전(秘傳)했다. 극소수 이슬람 지도자에게만 전해지던 에니어그램을 서방 세계에 소개한 사람은 20세기 러시아 모험가이자 신비주의 사상가인 이바노비치 구르지예프(1872~1949). 중동 지역을 탐험하며 고대 지식을 탐색하던 구르지예프는 에니어그램의 비밀을 알아내고, 이를 모스크바로 가져온 뒤 다시 미국과 유럽에 전파했다.
〈출처〉, 박성준 기자/alex@segye.com

고, 자기 자신이나 주변환경(집, 인간관계, 직장)도 완벽하기를 바란다. 그리고 어떤 일이 너무 쉽게 풀리면 의심부터 한다. 모든 일이 다 그만한 값을 치러야 한다는 것을 알고 있기 때문이다. 실수와 무질서는 그들에게 부담을 주고, 그들을 화나게 만든다. 그들의 약점은 '화'다. 다른 사람들이 고집스럽고, 심술궂다고 생각하는 분노를 품고 있다. 그들의 장점은 인내심과 끈기와 여유다. 1번 유형의 사람들은 삶의 목표에 대해서도 진지하게 생각한다. 삶이 지고한 목표를 갖고 있다는 생각이 그들 머릿속에 깊이 각인되어 있다. 그들은 정치, 사회, 종교적이념에 개방적이고, 일반적으로 그들의 목표는 이렇게 표현될 수 있다. "나는 뭔가 새롭게 변화시키고 싶어." 9가지 성격유형의 각 유형별로 그러한 특성을 갖고 있는 나라가 정해진다. 1번 유형에 맞는 나라는 스위스다. 물론 그렇다고 스위스에 1번 유형의 사람들이 많이 살고 있다는 의미는 아니다. 그러나 국민성의 근간에는 완벽주의와 융통성의 부족 그리고 농담을 잘 이해하지 못하는 진지함이 숨어 있다. 그들은 체면을 중시하면서 동시에 실속을 차린다. 그들은 출처가 불분명한 돈도 먼 외국에서 일어난 일이라 자기들은 모른다며 그냥 받아들인다. 고전에서 찾아볼 수 있는 대표적인 1번 유형은 미키 마우스, 아스테릭스와 돈 카밀로 등이다. 1번 유형의 특징은 까다로운 비평가에서 찾아볼 수 있다. 그들은 글을 직접 쓰지는 못하면서 다른 사람의 잘못에 대해 가차없이 지적하는 냉혹함을 지니고 있다.

⑧ 2번 조력가 유형

매우 사교적이고 남을 도와주기 좋아하는 유형이다. 타인들에 대해 민감하고 예리하기 때문에 남들의 기분을 이해하고 잘 맞춰준다. 이들의 근본적인 두려움은 자신이 사랑받지 못하는 것에 대한 두려움이다. 자신이 사랑받기 위해서 남에게 베푸는 데 집착한다. 이들은 '조력가'라는 별칭을 가지고 있다.

- **장점** ☞ 정이 많고 마음이 넓다. 친절하고 세심하다. 사람을 잘 돌본다. 눈치가 빠르다. 다른 사람의 기분을 잘 이해하고 칭찬해 준다.
- **단점** ☞ 헌신의 뒷면에 대가를 바란다는 욕구가 있다. 남을 돌보느라 자신의 문제를 보지 못한다. 뭐든지 돌려서 표현한다. 타인을 조종하고 독점하려 한다. 감정이 너무 강해 논리적이지 못하다. 히스테리가 심하다.

ⓒ 3번 성취가 유형

성공과 유능함을 추구하며, 야망이 있고 역할이나 지위에 대해 주목받기를 원하는 유형이다. 또한 실용적이고 실적 중심적이다. 이들은 성공하기 위해서는 몸의 희생도 불사할 수 있으며, 가슴 중심 유형이지만 성공을 위해 감정을 내려놓기도 한다. 이들의 근본적인 두려움은 자신이 가치없는 사람이라는 것에 대한 두려움이다. 그래서 성공에 집착하게 된다. 이들은 '성취자', 혹은 '선동가'라는 별칭을 가지고 있다.

- **장점** ☞ 유능하고 어디서나 주목받는다. 자신감이 많다. 판단력과 화술이 뛰어나다. 정열적이고 실용적이다.
- **단점** ☞ 남을 쉽게 믿지 않는다. 자기도취에 빠지기 쉽다. 자만과 잘난 척이 심하다. 지나치게 경쟁적이고 적대적이다. '성공이냐 실패냐' 만을 인생의 가치로 본다. 약삭빠르고 자신에게 이익이 되는 행동만을 한다.

⑪ 4번 예술가 유형

매우 자기중심적이며 예술적이고 독특한 것을 추구하는 유형이다. 수줍음이 많고, 감동적인 것을 추구한다. 타인에 대한 이해심이 많지만 자기를 꾸미는 데 더 많은 에너지를 소모한다. 평범한 것을 거부하고 결코 현재에 만족하지 않는다. 이들의 근본적인 두려움은 인정받지 못하는 것에 대한 두려움이다. 타인에게 인정받기 위해 다른 사람과 다른 것을 추구하고 특별한 사람이 되고자 한다. 이들은 '예술가', 혹은 '개인주의자' 라는 별칭을 가지고 있다.

- **장점** ☞ 따뜻하고 이해심이 많다. 자기성찰이 뛰어나다. 독창적이고 개성이 뚜렷하다. 예술적 재능이 있다. 감수성이 풍부하다.
- **단점** ☞ 사소한 일에도 쉽게 상처받고 우울해진다. 자의식과 죄책감이 지나치게 심하다. 지나치게 내성적이다. 쉽게 고민에 빠진다. 질투심이 심하다. 감정의 기복이 심하다. 자신에게 지나치게 몰입해서 다른 사람에게 무심하다.

Ⓔ 5번 사색가 유형

분석력과 통찰력이 있고 지식을 탐구하는 것을 좋아하는 유형이다. 객관적이고 관찰력이 뛰어나다. 말수가 적고 조심스러운 행동을 보이기도 한다. 혼자 있는 것을 즐기며, 혼자만의 시간과 공간을 중요시한다. 그래서 사생활에 대해 경계심이 강하다. 이들의 근본적인 두려움은 자신이 무능한 사람이라는 것에 대한 두려움이다. 유능한 사람이 되기 위해 지식과 정보수집에 집착한다. 이들은 '사색가', 혹은 '관찰자'라는 별칭을 가지고 있다.

- **장점** ☞ 분석적이고 객관적이다. 현명하다. 끈기가 있다. 통찰력과 자제력이 뛰어나다. 지적이고 사려깊다. 지식이 풍부하다.
- **단점** ☞ 오만하고 고집이 세다. 지식을 나누기를 아까워한다. 흠잡기를 좋아한다. 지나치게 내성적이고 소극적이다. 참여하지도 않은 일에 대해 한걸음 물러서서 판단만 한다. 행동하기 전에 항상 생각하지만 생각을 너무 하느라 막상 행동하지 못할 때가 많다.

Ⓕ 6번 충성가 유형

폐쇄적이고 겁이 많으며, 짜여진 지침과 틀에 잘 적응하는 유형이다. 책임감이 강하고 안전을 추구하며, 전통이나 단체, 혹은 친구에게 특히 충실하다. 협동심이 강하고 주위로부터 믿음직하다는 이야기를 많이 듣는다.

이들의 근본적인 두려움은 다른 사람의 도움을 받지 못하는 것에 대한 두려움이다. 따라서 자신을 옳은 방향으로 가이드해 줄 사람에게는 남다른 충성심을 보인다. 이들은 '충성가'라는 별칭을 가지고 있다.

- ●**장점** ☞ 규범과 규칙에 충실하다. 공동체의식이 강하다. 주변과 조화롭게 지낸다. 정이 많고 다른 사람을 잘 돌본다. 책임감이 있다. 상대방에게 호감을 준다.
- ●**단점** ☞ 지나치게 신중하다. 피해 망상적이다. 자기방어가 심하다. 사고에 융통성이 없다. 화를 잘 낸다. 안전하고 확실한 것이 아니면 절대 하지 않는다. 자신감과 주체성이 없이 남이 시키는 대로만 하려고 한다. 우유부단하다. 지나치게 보수적이다. 자립심이 부족하다.

⑥ 7번 낙천가 유형

낙천적이고 명랑하고 아이디어가 넘치는 유형이다. 자기도취적인 면이 다소 있으며 언제나 쾌락과 재미를 추구한다. 무언가에 도전하기를 좋아해서 남다른 재능이 많다. 아이디어가 많지만 그 아이디어의 질을 생각하지 않는다. 이들의 근본적인 두려움은 고통 받는 것에 대한 두려움이다. 자신이 고통 받지 않고 불행해지지 않기 위해 어떤 일에서든 즐거움을 찾으려고 노력한다. 이들은 '낙천가', 혹은 '만능가'라는 별칭을 가지고 있다.

- ●**장점** ☞ 항상 남들을 즐겁게 해준다. 자신감과 자주성이 강하다. 상상력

과 호기심이 많다. 건설적이고 변화를 추구한다. 다재다능하다.

● 단점 ☞ 지나치게 자기 도취적이고 충동적이다. 한 가지에 오래 집중
하지 못한다. 낙관주의가 과장되어 있다. 깊은 인간관계를 회
피하는 경향이 있다. 쉽게 열광적인 상태에 빠진다. 고통에 대
한 공포가 지나치게 심하다.

⑪ 8번 지도자 유형

리더십이 강하고 권력과 승리를 추구하는 유형이다. 이들은 자신이 옳
다고 생각하는 것에 대해서는 모든 것을 걸고 싸울 준비가 되어 있다. 나는
강하고 힘이 넘친다는 자아이미지를 가지고 있어 자신의 힘을 발휘할 수
있는 위치에 올라가려고 노력한다. 이들의 근본적인 두려움은 통제당하는
것에 대한 두려움이다. 통제당하지 않기 위해 거꾸로 남을 통제하는 데 집
착한다. 이들은 '지도자'라는 별칭을 가지고 있다.

● 장점 ☞ 단도직입적이고 단호하다. 권위 있다. 자신감이 넘치고 성실
하다. 게으름을 피우지 않는다. 상대방에게 안정감을 준다. 남
다른 행동력이 있다.
● 단점 ☞ 남을 조종하려 한다. 지나치게 반항적이고 오만하다. 고집이
세다. 자신이 원하는 것만을 중요하게 생각한다. 자신만의 정
의를 너무 추구한다. 자신의 행동을 부끄러워하지 않는다. 자
신의 약점과 한계를 인정하지 않는다. 파괴적이고 독재적이
다. 자신의 몸만을 지키려 하기 때문에 동료를 쉽게 버린다.

① 9번 조정자 유형

안정과 평화를 추구하고 넓은 포용력을 가진 유형이다. 갈등이나 긴장을 피하는 사람들이며 주위 사람들의 영향을 쉽게 받는다. 편견이 없고 냉정하게 생각하기 때문에 다른 사람의 고민을 잘 들어주기도 한다. 어떤 상황이 와도 불만을 표출하지 않으며 언제나 만족감에 차 있다. 이들의 근본적인 두려움은 혼자 남겨지는 것에 대한 두려움이다. 친구와 동료를 잃지 않기 위해 평화로운 것에 집착한다. 이들은 '조정자', 혹은 '평화주의자'라는 별칭을 가지고 있다.

- **장점** ☞ 붙임성이 있고 온순하다. 인내심이 강하다. 포용력이 많다. 편견이 없다. 타인의 입장에서 생각한다.
- **단점** ☞ 현실적인 대처능력이 부족하다. 자신에게 무관심하다. 강박관념이 심하다. 둔감하고 수동적이다. 타인에게 지나치게 쉽게 동일시한다. 자신의 의견을 표현하지 못한다. 자아존중감이 낮다. 게으르고 나태하다.

위와 같이 심리학의 9가지 유형을 기준하여 진학에 대한 정보를 제공해 주고 있으며 초·중·고 과정에서 설문응답을 통하여 진로에 대한 방향을 모색한다.

에니어그램을 통하여 명리학 분야로 석사논문[11]이 배출되었다. 노력을 하였지만 실제로 임상된 자료가 없고 애니어그램의 9가지 유형과 명리학의 십성을 기준하여 이론을 정리하였다. 여기서 문제점을 밝혀본다면 명리학의 십성을 분석하였다면 9가지에 대해서는 심리분석이 가능하겠지만 나머지 1개에 대해서는 어디다 적용을 해야 할 것인지 명확하지가 않다.

그렇지만 외국문헌을 기준하여 명리학에 접근하려는 시도는 높게 평가해야 한다. 아쉽다면 명리학의 이론이 깊게 인식되고 검증을 하였다면 하는 아쉬움이 남는다.

에니어그램은 심리분석을 잘 활용하여 진로나 직업의 활용도를 높이기 때문에 진학생에겐 참고 될 학문으로 판단하였다.

명리학의 십성과 에니어그램 유형 관계

구분	명리학	에니어그램
정재	정확성과 성실성	1번 유형. 이성적이고 완벽주의적
식신	온후, 예의범절, 처세술	2번 유형. 관대, 희생, 배려
상관	총명, 영리, 다재다능	3번유형. 목표지향적, 가치욕구
편인	문장력, 추상적, 통찰력	4번유형. 직관적, 창의적, 질투심
정인	지혜, 모성본능, 포용력	5번유형. 혁신적, 지식욕구, 지각력
정관	명예, 준법정신, 합리적	6번유형. 책임감, 안전의 욕구
편재	활동재, 명랑, 인정	7번유형. 열정적, 탐닉성
겁재	적극적, 진취성, 투쟁심	8번유형. 직선적, 결단성, 자기혁신적
편관	헌신적, 초지일관, 자신감	9번유형. 포용력, 수동적, 평화의 욕구

11) 김경희, 『명리학의 십성의 성격과 에니어그램의 성격심리와의 비교 연구』, 동방대학원대학교 미래예측학 석사학위, 2008

3
진로적성 활용론

성격과 적성을 기준하여 진로에 대한 정보[12]를 제공해 주고 있다는 것은 학생들의 미래를 더욱 밝게 해주고 있다는 사실이다.

나의 가능성과 잠재력을 찾고 싶다면?

대체 내가 어떤 분야에 적성이 맞고, 어떤 능력을 갖고 있는지, 내가 어떤 걸 좋아하는지조차 모르겠어요. 나의 미래와 진로에 대한 걱정이 많아요.

한국적성교육개발원에서 개발한 검사인 【성격+적성 진단검사】를 통해 성격유형과 흥미(적성)에 대한 분석결과리포트 및 추천직업, 학과와 더불어 메가스터디에서 제공하는 모집단위 정보까지 한눈에 확인해 보세요.

검사샘플보기 ◑

12) 한국적성교육개발원의 적성검사방법, 적성검사는 각 개인의 특정한 활동분야에서 어느 정도의 소질과 능력을 갖추고 있는지 측정하는 검사로써 학업이나 업무의 성취도와 적용성을 예측할 수 있는 장점 때문에 중요한 선발도구로 활용되고 있다.

성격+적성 진단검사의 특징

- 사전 진단 과정을 통해 자신에 대한 생각과 평가 내용을 비교
- 융(Carl G. Jung)의 성격유형론과 홀랜드(John L. Holland)의 흥미이론을 토대로 심층적 측정
- 성격유형과 흥미유형을 분류하여 적합한 직업리스트와 국내 대학의 모집단위 정보 제공

서비스 상세 내용

성격유형 검사

문항에 맞는 성격 진단결과를 조사하여 성격유형을 분석합니다.
더불어 각 성격유형에 맞는 자기 계발을 위한 조언까지 알려줍니다.

흥미(적성)유형 검사

흥미(적성)유형 검사는 6가지의 흥미유형을 분석하여 학생의 가능성과
잠재력을 파악하여, 그에 어울리는 작업환경을 알려줍니다.

흥미(적성) 타입의 추천직업

추천직업은 학생의 흥미유형을 측정한 결과를 바탕으로 추천직업 항목
을 검색해 주며 해당 직업 관련학과는 물론 메가스터디의 모집단위 정
보를 확인할 수 있습니다.

적성 타입의 추천학과(모집단위)

추천학과는 학생의 흥미유형을 토대로 모집단위를 추천해 주며 메가스터디의 모집단위 정보를 확인 가능합니다.

학생들이 진로를 선택하는데 성격유형과 흥미유형을 혼합하여 잠재력을 통한 자기 계발을 시도하고 있는 것이 교육학 이론이고 더 많은 검증자료나 통계 분석된 자료가 필요하다고 본다. 그만큼 학생들의 인식변화를 주기 위해서는 교육정책을 통하여 학부모의 인식 변화와 학생들의 인식 변화가 되고 있으며, 각 제도권에서는 입학사정관제나 수시 1, 2차로 조기에 적성을 찾아주거나 특기생을 인재 육성하려고 하고 있다. 앞으로 명리학에서도 시대의 흐름에 맞추어 많은 학생들에게 꿈과 희망을 심어주고 미래를 살아가는데 시행착오를 줄일 수 있도록 그 역할을 해야 한다고 판단하여, 본 서적에서도 성격과 선천적성을 격국이론에 맞추어 재학생을 대상으로 검증하는 것으로 하였다.

학부모들의 인식 변화나 수능을 준비하는 학생들이 변화를 추구하기 위하여 명문대 생들의 응답결과를 서적에 나열하였다.

4
십성의 심리

1 십성의 지능

❀ 비견

- 공동체적 자아심리가 발달하여 조직을 결속시키거나 인간관계를 중시한다. 단체 또는 모임을 잘 활용하고 팀워크에 강하다. 리더십과 모임을 결성하는 능력이 남다르고 자신을 인정해 주는 것을 좋아하며, 남 앞에 나서서 이끌어 가려는 의욕이 투철하다.
- ※ **십성의 작용은 월지를 기준하여 자신의 본기에 해당할 때 가장 작용력이 강하게 나타난다.**

❀ 겁재

- 겁재는 경쟁심리가 잘 발달되어 있지만 인간관계에서의 정의와 명분

을 중시하게 되며, 자신을 희생하려는 심리도 작용한다. 참모와 같은 역할자와 같으나 전문성을 갖추기만 하면 다방면에서 활용할 수 있는 러더십과 자질을 나타낸다. 동등한 자격을 인정해 주고 권리보장을 해 주면 협력관계와 유대관계를 지속하는 유형이다.

식신

- 식신은 친화의 욕구가 강하게 작용하고 진보적 성향을 지니게 된다. 미래로 나아가기 위하여 연구, 계획을 하며 실천하려는 기질이 강하다. 자신이 추진하는 일에 대해서 목적 실현을 하려는 성향이 내재되어 있다. 친구관계나 사회생활에서 친화성을 바탕으로 희생과 봉사, 그리고 나눔을 주려는 실천의지가 강하다.

  식신생재로 구성되면 전문성을 토대로 가치를 받게 되고, 식신제살이 되면 경제, 교육, 연구 분야, 정치, 봉사분야에서 안정을 추구한다. 인성이 있으면 학문을 통하여 전문성을 갖는 것이 식신이다.

상관

- 감각성과 정신세계가 발달되어 있다. 직감력이나 추리력이 발달하여 언변력이 능통하고 표현력이 좋다. 변화에 능동적으로 대처하며 자유와 창의성이 남달리 뛰어나다. 음악, 방송, 언론, 대변인과 같은 역할이 상관에 해당한다.

  가교 역할이나 중간자 역할을 대변하는 분야에서 각광을 받는 것이 상관이다.

✿ 편재

- 성취욕에 대한 집념이 강하여 도전적이고 실천의지가 강하여 사업가적인 기질이 강하다. 가치를 창출하고 응용하는 능력이 뛰어나 완성품이나 유통업에서 이익을 실현한다. 편재는 유동재, 회전재와 같아 큰 재물을 추구하는 기질이 강하여 수리, 이지에 남달리 밝다.
  남자는 이성교제나 인생을 즐기려는 기질이 많고 모험이나 투기 성향이 내재되어 있어 대범한 경제활동을 추구하려 한다.

✿ 정재

- 정재는 노력과 실리를 주관하게 되어 현실적이고 인내심과 지구력을 바탕으로 심사숙고하는 유형이다. 모험이나 투기를 싫어하고 일처리를 신중하게 해 나가는 실속형이다. 근면 절약하여 푼돈을 목돈으로 만들어가는 기질이 강하다. 수리력이 발달하고 꼼꼼한 성격을 지니게 된다.

✿ 편관

- 행동과 실천력이 강하여 자신에게 주어진 책임감을 소화해 내려는 기질이 강하다. 매사 솔선수범하고 끈기력과 인내심을 바탕으로 살아간다. 신속한 판단력과 결정력을 지니고 부지런하여 업무 수행능력이 뛰어나다.

✿ 정관

- 모범성과 합리성을 기반으로 명예와 안정을 추구하는 성향이 내재되

어 있다. 어떤 일이든 편법보다는 합법성을 가지고 원칙을 준수하려는 기질이 크다. 공공의 이익을 중시하며 정직성과 도덕성을 높이 지향한다. 국가의 명예와 관련된 분야에서 능력을 인정받는다.

⊗ 편인

- 재치와 추구적 성향이 강하고 이상이 높고 호기심과 탐구심이 많이 잠재되어 있다. 감상적이고 다변적이며 공상의 세계가 발달하여 순간순간의 위기극복을 잘 소화해 내는 기질이 강하다. 문예, 창작이나 신비성과 관련된 분야에 관심을 많이 갖게 된다. 편인을 용고라는 용어로도 사용하는데 이상이 높은 별로 분류한다.

⊗ 정인

- 수용의 마음을 지니고 지식에 대한 갈망을 많이 하는 것이 정인이다. 늘 채우려는 욕망이 남달리 강하고 정신세계가 발달하지만 행동, 실천을 하는데는 미약해진다.
  노인의 별에 해당하며, 정통성과 보수성이 내포되어 명분을 앞세운다. 주로 교육, 행정, 연구, 종교지도자와 같이 지식을 나누어주는 분야가 정인이다. 기억력이 좋거나 기록, 정리하는 것을 잘한다.

PART 03

명리학 이론

맹귀진화정법론

1
음양오행론(陰陽五行論)

1 陰陽論

음양오행은 만물, 우주, 사물, 인체 및 모든 것에는 그 음양의 조화가 변화무쌍하며 늘 존재한다는 것이다. 음양에 비추어 논한다면 남자(男子)는 양(陽)이요 여자(女子)는 음(陰)이라 하고, 낮은 양이요 밤은 음이라 한다. 계절(季節)로 보아 여름은 양이고 겨울은 음이다.

음(陰) - 느리다, 정적이다.

어둡다, 고요하다, 차갑다, 내적이다, 땅, 겨울, 밤, 눈물, 슬픔, 여자, 노후, 북극, 서북

양(陽) - 빠르다, 가볍다.

밝다, 발랄하다, 따뜻하다, 남쪽, 외적이다, 발산한다, 조급하다, 하늘, 여름, 낮, 웃음, 기쁨, 남자, 동남, 남극

② 오행이란

오행이란 木, 火, 土, 金, 水를 오행이라 한다.

③ 오행의 성품과 속성

① 木

성품(性品)으로는 인자(仁者), 의욕(意慾), 정신(精神), 의지(意志)를 나타낸다. 기(氣)의 속성은 성장, 약진, 발육을 의미한다.

② 火

성품은 예(禮)를 주관하고 예의 바르고 명랑하며, 기(氣)의 속성은 위로 치솟아 타오르는 화기로 만물을 정화시키는 기운이다. 열정, 온도, 태양, 별, 예능, 화술에 능하다.

③ 土

신(信)으로 성품은 신용이 있고 참되며, 기(氣)의 속성으로는 만물을 번식, 번성시키는 근원이자 중심으로 모든 것을 중용(中庸)으로 감싸며 보호해 주는 기운, 믿음, 조화, 중심, 안정, 산, 평야, 정원 등을 대표한다.

④ 金

의(義)로 성품은 의리와 결단성이 있으며, 기(氣)의 속성은 사물의 형태를 바꾸고 변형시켜 따르게 하는 기운이다. 정의, 심판, 권력, 군인, 경찰, 쇠로 만든 각종 기구, 자동차, 중장비, 유리, 귀금속과 같은 물질이 이에 해당한다.

⑤ 水

지(智)로 성품은 슬기롭고 계획성이 탁월하며 기(氣)의 속성은 만물을 적셔주고 위에서 아래로 끊임없이 흐르고 굽이치며 변화, 변동하는 기운이다. 지혜, 총명, 성교, 바닷물, 시냇물, 지하수, 비, 이슬, 수리학 등이 이에 속한다.

② 십간의 심리

본 장에서 다루는 십간의 심리는 내면 세계를 분석하기 위함이며, 그 주요 분석대상은 월지 지장간 중 자신의 본기를 의미한다.

☯ 甲(木)의 심리

✿ 자신의 본기가 甲일 때

- 성실성과 근면성을 지니고 어진 자가 되려고 노력한다.
- 인정이 있으며 솔선수범 하는 기질이 강하다.
- 남을 많이 배려하거나 기회를 잘 활용한다.
- 기초를 튼튼하게 하면서 내실을 다지려 한다.
- 이상과 포부를 갖고 있으며 발전하려는 기질이 강하고 결과를 만들어 내려고 한다.
- 인간관계에서 적을 만들지 않으려 한다.

❀ 甲이 원국에 많거나 극이 심하면

- 일을 벌려도 마무리가 약하게 작용한다.
- 많은 사람에게 나눔을 주어도 실속이 적다.
- 자기 주체가 강하고 남 앞에 나서길 좋아한다.
- 융통성이 부족하고 고지식한 면이 강하다.
- 사물에 대한 관심이 많고 지나치게 간섭을 한다.
- 이기적인 면이 내재되어 있고 결과를 도출하는데 시행착오나 시련 이 따른다.
- 극이 심하면 자포자기를 하거나 인덕이 없어진다.

☽ 乙(木)의 심리

❀ 월지 본기가 乙木인 경우

- 乙木은 가냘프고 여리지만 바람 앞에서도 굽히지 않는 식물이다. 그러면서도 화려한 꽃을 피우는 역할을 해낸다.
- 아름답고 사랑스런 마음을 간직하고 있다.
- 주변과 융화를 하려하고 부드러우며 섬세함을 지녔다.
- 상황판단이나 눈치가 빠르고 분위기 파악을 잘한다.
- 주변에 인기를 받으려고 화려함을 추구한다.

❀ 木이 왕하거나 극이 많은 경우

- 질투심이나 시기심이 내면에 존재하며 내가 더 잘 나거나 예뻐야 만족한다.
- 질투심이 강하며 심사가 뒤틀린다. 경쟁에서 지지 않으려 한다.

- 자신을 인정해 주지 않으면 잘 삐치거나 허풍이 세고 사치를 좋아한다.
- 신경이 예민하여 주위의 반응에 민감하다.
- 인간관계에서 처세술이 좋으나 유익함이 없으면 멀리한다.
- 인내심이 적고 호기심이 발동하며 즉흥적인 성격을 지닌다.

● 丙(火)의 심리

⊛ 월지 본기가 丙인 경우

- 예의가 바르고 감동적인 면을 지니고 있다.
- 친화적이며 인간적인 곳이 많으며 명랑하고 감성적인 내면을 지녔다.
- 열정과 추진력이 강하며 표현력이 능하고 활발하다.
- 목적과 목표의식이 강하고 열정이 많다.

⊛ 火가 왕하거나 국이 많은 경우

- 조급하고 흥분을 잘하며 다음 생각을 하지 않는다.
- 자기주장이 강하고 명분을 앞세운다.
- 친구나 인간관계에서 의식하지 않고 자기방식대로 행동한다.
- 허영심과 사치심이 있고 분위기에 휩쓸린다.
- 소유욕과 집착이 강하다. 뒤 끝은 없으나 다혈질적인 면이 항상 잠재되어 있다.
- 자신의 생각과 맞지 않으면 행동(폭행, 폭언)하려 하고 자포자기를 한다.

☯ 丁(火)의 심리

⊛ 월지 본기가 丁인 경우

- 침착하며 예의가 바르다.
- 따뜻하고 온화한 심성이 내포되어 있다.
- 주변 환경과 조화를 잘 이룬다.
- 남을 잘 배려하며 이해심이 있다.
- 섬세함과 부드러움을 지니고 있다.

⊛ 火가 왕하거나 극이 많은 경우

- 공상을 잘한다.
- 주관이 약해서 남의 말에 잘 흔들린다.
- 의지력이 약하고 중도포기를 잘한다.
- 자기의 의견을 강력히 주장하지 못한다.
- 드러나지 않는 이기성이 많다.

☯ 戊(土)의 심리

⊛ 월지 본기가 戊인 경우

- 신용과 믿음이 있다.
- 포용력과 응집력이 강하다.
- 충성심과 규칙을 잘 지킨다.
- 목표한 것을 꾸준히 실행한다.
- 인품이 온화하고 듬직하다.

⊕ 土가 왕하거나 극이 많은 경우

- 지나치게 고정관념이 강하다.
- 융통성이 부족하다.
- 고집이 너무나 세다.
- 행동이 느리고 기회포착에 약하다.
- 과거에 집착을 많이 한다.

◉ 己(土)의 심리

⊕ 월지 본기가 己인 경우

- 다정다감하고 친절함을 지녔다.
- 표현력이 뛰어나고 중재의 역할을 잘한다.
- 메모를 잘하며 꼼꼼하다.
- 자기 관리가 치밀하다.
- 자기 주관이 강하다.

⊕ 土가 왕하거나 극이 많은 경우

- 감정변화가 심하다.
- 속마음을 표현하지 못한다.
- 이기적이며 욕심이 많다.
- 마음의 상처를 잘 받는다.
- 타인의 충고를 무시한다.

☯ 庚(金)의 심리

✿ 월지 본기가 庚인 경우

- 정의감이 강하며 포용력이 있다.
- 결단력과 추진력이 좋다.
- 스스로의 결과에 책임을 진다.
- 머리가 좋아 자긍심이 높다.
- 몸이 재빠르고 부지런하다.

✿ 金이 왕하거나 극이 많은 경우

- 허세가 강하며 잘난 척을 한다.
- 자신의 주장이 너무 강하다.
- 독선적이고 비타협적이다.
- 잔인하여 살생(殺生)과 자해(自害)를 한다.
- 남의 말을 잘 안 듣고 사서 고생을 한다.

☯ 辛(金)의 심리

✿ 월지 본기가 辛인 경우

- 논리력(論理力)이 뛰어나고 언변이 좋다.
- 총명하고 냉철한 판단을 한다.
- 외모가 깨끗하고 아름답다.
- 깊이 생각하고 침착하다.
- 행동이 조심스럽고 실수를 용서하지 않는다.

✸ 金이 왕하거나 국이 많은 경우

- 주관적이고 냉소적이다.
- 따지는 습관이 있다.
- 성격이 급하고 도전적이다.
- 욕심이 많고 지기를 싫어한다.
- 마음에 상처를 쌓아둔다.

☯ 壬(水)의 심리

✸ 월지 본기가 壬인 경우

- 총명하고 두뇌회전이 빠르다.
- 예지력이 뛰어나다.
- 친화적이며 포용력이 있다.
- 스케일이 크고 대범하며 마음이 넓다.
- 실천적이고 부지런하며 활동력이 강하다.
- 남의 비밀을 잘 지켜준다.

✸ 水가 왕하거나 국이 많은 경우

- 참을성이 적고 변덕이 심하다.
- 나서기를 좋아하고 허세를 잘 부린다.
- 모사(某事)에 능하고 권모술수를 부린다.
- 시작은 잘하나 마무리가 약하다.

☯ 癸(水)의 심리

✿ 월지 본기가 癸인 경우

- 지혜롭고 재주가 많다.

- 섬세하고 치밀하며 외유내강(外柔內剛)이다.

- 합리적이며 친절하다.

- 적응력이 뛰어나다.

- 친절하고 다정다감하다.

✿ 水가 왕하거나 국이 많은 경우

- 이중의 마음을 가지고 있다.

- 신경이 예민하고 주관적이다.

- 감성적이고 차가운 면이 있다.

- 배신을 잘 당한다.

- 소극적이거나 내성적인 면이 내포되어 있다.

3
오행의 상생과 상극

1 오행의 상생관계

오행은 본래 음·양의 자식이며 그 분신이다. 따라서 그것이 유형이든 무형이든 어디나 들어 있지 않은 곳이 없다.

봄·여름·가을·겨울의 자연적 순환이 끊임없이 이어지는 과정과 같다.

오행의 상생[13] 작용을 알아본다.

- 木 生 火 ☞ 나무는 불을 타게 해주며 자신을 희생한다.
- 火 生 土 ☞ 태양은 땅을 덥히고 불로 흙을 구워 그릇을 만든다.
- 土 生 金 ☞ 흙은 금광석을 보존하고 생산케 해준다.
- 金 生 水 ☞ 바위 속에서 물이 솟고 쇠그릇에 물을 담을 수 있다.
- 水 生 木 ☞ 물은 나무에게 수분을 주어 자라게 한다.

이를 상생의 원리라고 하며 상생은 조건 없는 희생을 나타내기도 한다.

② 오행의 상극관계

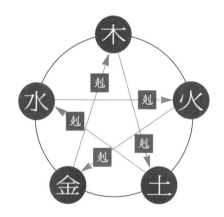

- 木 剋 土 ☞ 나무는 흙의 양분을 빼고 뿌리로 땅을 가른다.
- 土 剋 水 ☞ 흙이 물길을 방해하고 댐을 쌓아 물을 가둔다.
- 水 剋 火 ☞ 물은 더위를 식히고 타는 불을 꺼버릴 수 있다.
- 火 剋 金 ☞ 불은 무쇠와 금을 녹여 연장과 귀금속을 만든다.
- 金 剋 木 ☞ 도끼로 재목을 다듬고 쇠톱으로 나무를 자른다.

---

13) 안성재, 『규명』, 한솜미디어, 2008

4
계절론

봄은 절기상 입춘을 기준하여 입하 전까지의 절기를 봄이라 한다. 봄을 알리는 입춘은 양력 2월 4일을 기준하게 된다. 학설적으로 동지(밤 11시 30분)를 기점으로 일양이 시생하여 하늘은 어둠 속에 밝음이 시작하지만 아직 인간의 눈으로 분별할 수 없는 상태이다. 인간의 눈으로 어둠과 밝음을 구별할 수 있는 시간대는 새벽 3시 30분이 지나야 하늘이 밝아옴을 알 수 있고 대지의 사물을 구별하게 된다.

이러한 사물을 관찰할 수 있는 것은 태양이 밝아옴을 시작으로 사물을 바라보며 판단하게 된다. 이러한 일련의 과정을 자연을 통하여 발견하게 된다.

가. 새벽 3시 반에서 5시 29분이 寅時에 해당한다.

나. 寅을 월로 구성한다면 1월에 해당한다.

다. 1월은 모든 것을 시작하게 되니 역마라 불린다.

라. 寅은 木에 해당하기도 하고 방향으로는 동쪽에 해당하고 천간으로는 甲에 속한다.

마. 甲의 속성은 위로 솟아오르려는 기질이 강하고 많은 가지를 뻗어 가고 꽃을 피우고 열매를 맺는 과정을 거치게 된다.

바. 卯는 음력 2월에 해당하고 시간으로는 5시 30분~7시 29분을 나타낸다. 이 시간에 태양이 밝아오고 어둠이 걷히는 것을 확연하게 알 수 있다. 농부들이 기지개를 켜고 논밭에 나가 준비하는 과정이다.

사. 봄의 계절이 왕성해지고 甲木은 줄기에 양분을 공급하며 서서히 잎이 푸르러지거나 새싹을 돋게 한다. 乙木은 대지를 뚫고 솟아나며 싹을 틔우고 자태를 나타낸다. 卯월은 모습을 드러내고 성장을 하는 시기이다.

아. 辰은 본 오행은 土이지만 계절은 봄에 속한다. 甲木은 싱그런 잎이 성장하고 乙木은 苗木을 시작하거나 자립하도록 移種하거나 군락을 이루게 된다. 木은 土에 의지하여 성장하게 되니 辰土의 계절에 성장, 발육을 하게 된다.

자. 辰은 봄과 여름을 중화하고 조율하며 자신을 희생하며 만물이 성장하도록 하니 음력 3월에 해당하고 시간은 오전 7시 30분~9시 29분의 시간을 배속하고 있다. 이 시간은 태양이 따스하게 비추고 모든 사물을 명확하게 식별하게 된다.

차. 濕土가 자연을 아름답게 포용하고 군락을 이루거나 꽃을 피우는 역할을 한다.

봄의 계절은 만물을 성장시키거나 잉태하는 역할을 한다.

甲木은 뿌리에 물을 머금고 줄기를 따라 잎에 생기를 넣어 주거나 잎에 영양을 공급하여 싹을 잉태시키게 된다.

乙木은 얼어붙은 대지 위로 싹을 틔우고 초록색으로 성장한다.

가. 양력 2월 4일부터 3월 5일경 경칩까지는 寅월에 해당하고 봄의 첫 출발을 대지에서 느끼게 만든다.

나. 양력 3월 6일 경칩에서 ~ 4월 5일 청명까지 卯에 해당하고 乙木이 丁火를 생하는 것도 인화라고 하는데 허약함으로 乙木은 甲木이나 亥卯未 삼합으로 왕해야 제 기능이 발휘가 된다. 乙木이 습기가 너무 많으면 젖은 나무로 인화를 하면 연기만 무지 나니 말라야 하는 특징도 가지고 있다. 말려야 하는 것은 丙火로 말려야 한다.

다. 양력 4월 6일 청명부터 5월 4일(입하 전)까지는 濕土의 작용이 나타나게 되고 육안으로 큰 나무나 작은 풀잎 또는 화초가 무성하게 성장하며 잎에는 푸른 잎이 성숙하게 되고 乙木은 대지를 초록색으로 물들이고 꽃을 피우는 것을 볼 수 있다.

라. 이렇게 봄은 지난 겨울을 보내고 만물을 성장하는 역할을 하며 생명감을 불어넣어 주는 역할을 하게 된다.

마. 濕土의 辰이 가교 역할을 하며 봄을 무성하게 하며 木이 잘 성장하도록 역할을 하며 木을 더 번성하도록 땅 속에 기운을 습하게 하니 土는 본연의 역할을 하면서도 봄의 역할을 충실히 이행하는 양면성을 가지게 된다.

가. 봄은 자연에서 木에 해당하고 성장하려는 기질이 강하게 작용한다.

나. 봄의 입장에서 가장 필요로 하는 것이 태양이라는 것을 알게 된다.

다. 甲木은 태양이 옆에 떠 있고 땅으로는 水가 흐르거나 濕土가 밑에 받쳐주거나 옆에 있을 때 꽃을 피우고 열매를 맺게 된다.

라. 乙木도 천간에 태양이 있으면 꽃을 피우고 己土가 있으면 많은 꽃들이나 풀들이 군락을 이루고 자생하게 되어 乙木은 물이 없어도 濕土와 태양만 있으면 살아남을 수 있다는 것을 알게 되었다.

마. 봄의 구성은 寅, 卯, 辰이 관장한다. 이를 방합, 계절국이라 한다.

> 봄은 희망을 갖게 하고 부지런하게 움직이게 만든다. 이를 발전, 성장에 비유하게 된다. 그만큼 봄은 새로운 활력소를 주기 때문에 부지런하고 발전하려는 甲, 乙木은 자태를 뽐낼 수 있지만 게으르거나 희망이 없는 나무나 풀은 자태를 뽐내지 못하고 죽거나 한줌의 흙으로 돌아가게 된다. 봄에는 그런 이유에서 金이 옆에 있으면 좋은 결과를 내기가 어렵다.

◑ 여름의 계절

여름은 절기상 입하를 기준하여 입추 전까지의 절기를 여름이라 한다. 여름을 알리는 立夏는 양력 5월 5일경을 기준하게 된다.

만물을 무성하게 성장시키고 꽃을 피우고 열매를 맺는 시기가 바로 여름이다. 이러한 사물을 관찰할 수 있는 곳은 산이나 들판에 나가서 큰 나무나 풀잎을 보면 가능하게 된다. 따라서 어떤 사물에 대한 분별을 하려고 한다면 자연에서 그 시작을 해야 한다.

여름은 음력으로 4(입하), 5(망종), 6(소서)으로 구분한다.

가. 巳는 불에 해당하지만 비추는 불이고 모든 생명에 자원이 되니 꽃이 피고 잎에 영양을 공급하는 것이 여름이다.

나. 巳는 9시 30분에서 11시 29분에 해당한다. 巳는 입하에서 망종 전을 나타내니 양력 5월 5일경 ~ 6월 5일경에 해당한다.

다. 巳를 월로 구성한다면 4월에 해당한다.

라. 4월은 이묘를 하게 되고 자기 스스로 성장할 수 있도록 홀로서기를 하니 역마와 같다.

마. 甲木은 꽃을 피워 자신의 존재감을 드러내게 되고 乙木은 꽃을 만발하여 자신을 화려하게 한다.

바. 巳는 밝음으로 나아가게 되고 가장 밝음중 밝음에 해당하니 생명을 불어넣어 주거나 아름다움을 추구하려 한다.

사. 午는 화중에 화이고 여름 중에 여름이다. 또한 낮중에 가장 왕성한 낮이기에 陰이 탄생하게 된다. 午는 망종부터 소서에 해당한다.

아. 꽃잎은 활기를 띄고 열매를 왕성하게 성장하게 되니 甲木은 잎과 열매를 풍성하게 성장시키고 乙木은 화려함을 최고조에 올려놓는다.

자. 午는 시간상으로 11시 30분 ~ 13시 29분에 해당하며, 계절은 여름이며 음력으로 5월에 해당한다.

차. 未는 본 오행은 土이지만 계절은 여름에 속한다. 甲木은 싱그런 꽃잎이 지며 열매를 맺는데 공급을 다하고 乙木은 열매를 맺거나 군락을 이루어 자태를 뽐내게 된다.

카. 未는 시간상으로 13시 30분 ~ 15시 29분이며, 월은 6월이며 서서히 낮의 길이가 짧아져 있다.

타. 未土는 火의 기운이 내재되어 있기에 甲木은 열매를 무르익게 만들고 乙木은 서서히 뒤안길로 물러가게 된다.

역할

여름의 계절은 만물을 성장시키고 활력을 불어넣게 되며 그 결과를 탄생시키게 된다. 甲木은 잎과 열매에 생기를 넣어 주거나 잎에 영양을 공급하여 싹을 잉태시키게 된다.

乙木은 성장하여 꽃을 피우고 대지 위로 군락을 이루고 자신의 종족을 남기기 위해 씨를 바람에 날려 보낸다.

가. 양력 5월 4일부터 6월 5일경에는 巳월에 해당하고 여름의 첫 출발을 산과 들을 통해 관찰할 수 있다.

나. 양력 6월 5일 망종에서 7월 6일 소서 전까지 午에 해당하고 甲木은 잎, 꽃에 활력을 불어 넣어주고 열매를 맺으며, 乙木은 줄기를 성장하고 나아가서 꽃을 피우게 한다.

다. 양력 7월 6일 소서부터 8월 5일(입추 전)까지는 燥土의 작용이 나타나게 되고 육안으로 큰 나무나 작은 풀잎 또는 화초는 열매를 맺고 열매로서 가치를 가지려고 영양을 공급한다.

라. 이렇게 여름은 지난봄을 보내고 만물이 성장하고 익어가는 역할을 하게 된다.

마. 燥土의 未는 가교 역할을 하며 여름을 무성하게 하며 木이 결실을

맺도록 한다.

가. 여름은 자연에서 태양에 해당하고 성장하려는 기질이 강하게 작용한다.

나. 여름의 입장에서 가장 필요로 하는 것이 水라는 것을 알게 된다.

다. 甲木은 태양이 땅에 있고 열매를 맺기 위하여 水가 필요하니 濕土가 밑에 받쳐주거나 옆에 있을 때 꽃을 피우고 열매를 맺게 된다.

라. 乙木도 지지에 태양이 있으니 꽃을 피우고 己土가 있으면 많은 꽃들이나 풀들이 군락을 이루고 자생하게 되어 여름의 乙木은 濕土나 물만 있으면 살아남을 수 있다는 것을 알게 되었다.

여름은 생각, 정신, 열정을 갖게 하고 에너지를 갖게 만든다.
또한 어떤 결과를 만들어 가는 준비과정에 속하게 된다.

연구점

❖ 여름에는 물이 필요하다. 물이 없다면 만물이 성장하는데 어떠할까!

❖ 여름의 계절에 火가 많다면 꽃이 피고 열매가 제대로 맺을 수 있나!

❖ 여름의 계절에 木이 많다면 올바른 꽃과 열매가 맺히겠는가!

❖ 여름의 계절은 金이 있다면 좋아할까! 싫어할까!

역할

土는 각 계절을 조절하는 역할을 충실하게 수행한다.

봄에는 辰土가 濕木으로 성장하도록 하면서 여름이 시작하는 巳에게 木이 꽃을 피우게 하는 역할을 한다. 여름의 未土는 火의 열기를 잠재우고 열매를 맺도록 조절 역할을 한다. 또한 가을의 申金에게 견고한 열매를 맺도록 협조를 요청하여 굵고 풍성한 과일이 되도록 한다.

가을의 戌土는 화기를 조절하고 열매를 완성품으로 만들어 간다. 木은 줄기와 잎 그리고 열매에 영양을 중단하고 자신이 생존하기 위하여 뿌리에 자생력을 갖게 된다. 戌은 亥월을 맞이하며 열기를 완전히 식히고 木의 자생력을 갖도록 뿌리에 물을 응축시킨다.

겨울의 丑土는 동토로서 얼어있는 땅이지만 木의 자생력을 갖기 위하여 뿌리를 견고하게 한다. 寅을 맞이하기 위하여 뿌리를 더욱 견고하게 만들어 준다.

이와 같이 土는 각 계절의 끝에서 중화의 역할을 하기 위해 부단히 노력하고 자신을 희생하려고 한다. 때로는 우유부단하고 때로는 자신의 계절 편을 들기도 하고 때론 土를 버리고 다른 오행으로 변화를 시도한다. 그만큼 土는 다양성과 중화성을 지니고 있으면서 土는 꽃을 피우고, 열매를 맺게 하고, 결실을 거두도록 하기도 하고, 곳간의 열매를 출입하는 창고로 역할을 다한다.

土는 중간자의 역할을 하며 합이 옆에 있으면 합이 되어 변한 오행으로 작용을 하고 방합이나 삼합이 되면 자신을 버리고 오행을 따라가려고 한다.

이렇게 土는 자신의 기질을 갖고 있으면서도 협력과 조화를 하려고 노력하기 때문에 월지가 土이면 사주감정을 하는데 많은 어려움이 있게 된다. 土는 신뢰, 믿음, 부지런함을 가져야 자생하게 되고 모든 만물을 포용하려는 기질이 강하다.

辰은 나무가 성장하도록 水를 적절하게 조화를 이루도록 하였고 未는 나무의 열매를 맺도록 열의 에너지를 조절하고 戌은 열매를 맺도록 땅을 건조하게 하여 뿌리에 물을 공급하지 않고 열매가 맺도록 한다. 丑은 표면은 얼어 성장을 멈추고 땅속에 水를 응축하여 木에게 물을 공급하니 木은 겉으로 죽어있는 것 같지만 뿌리는 물을 머금고 자생을 하게 된다.

土는 辰-戌 충은 큰 땅을 흔들어 놓는 형국이니 큰 땅이 개발되기도 하고 무너져 土의 기질을 상실하기도 한다. 丑-未는 작은 동산이나 논, 밭을 갈아엎는 형국이니 부지런하게 움직이고 재개발이나 도시 개발 등으로 이익을 보기도 하고 때론 형제간 보상 문제나 토지문제로 분쟁을 하기도 한다.

이와 같이 사주에서 土가 용신인가 아니면 기신인가에 따라 작용도 변화가 되고 이익이 생기기도 하고 손해를 보기도 하는 것이 土이고 해당 십성의 작용이나 기질도 변화가 된다.

❖ 土가 용신에 해당할 때 어떤 유익함이 오는가!

❖ 土가 기신이라면 어떤 작용을 하겠는가!

❖ 土가 용신인데 충이 되는 경우, 土가 기신인데 충이 되는 경우

❖ 土가 합을 하여 다른 오행이나 십성으로 변할 때 작용

가을의 계절

가을은 절기상 입추를 기준하여 입동 전까지의 절기를 가을이라 한다. 가을을 알리는 입추는 양력 8월 7일경을 기준하게 된다. 만물이 무성하고 열매를 서서히 맺기 시작하는 시기가 가을이다. 사물에 대한 판단은 나무를 통해 관찰할 수 있다.

가을은 음력으로 7(입추), 8(백로), 9(한로)로 구분한다.

가. 申은 金에 해당하며 원석이고 역마에 해당한다.

나. 申은 15시 30분에서 17시 29분에 해당한다. 음력 7월.

다. 가을이 시작되면서 과일이 풍성해지기도 하고 乙木은 열매나 잎을 출하하게 되고 甲木은 모든 영양을 열매에 주게 된다.

라. 7월은 과일이나 열매를 성장하고 익도록 하기 위해 몸이 바쁜 시기이다.

마. 7월은 절기상 입추에서 백로 전이다.

바. 酉는 태양이 서서히 어둠으로 나아가게 된다. 가장 金이 왕성한 시기이고 甲木이 잘 자라도록 주변의 풀을 제거하게 되고 乙木은 더이상 줄기에 영양을 공급하지 않는다.

사. 乙木은 酉월에 벌초가 시작되기도 하고 건초를 만드는 작업이 이루 어진다. 乙木이 가장 싫어하는 것도 바로 酉이다.

아. 酉는 백로부터 한로 전을 말한다. 백로는 흰 이슬이 처음으로 시작 하니 이를 서리라 하죠! 甲木은 서서히 잎에 영양을 중단하기 시작하 고 자신의 자생력을 가지려 하는 시기이다.

자. 戌은 土의 계절이면서 火의 열기를 지니고 있다. 즉, 여름의 열기를 간직하고 있지만 土는 열기를 식혀주고 곡식을 익게 만든다.

차. 戌은 본 오행은 土이지만 계절은 가을에 속한다. 甲木은 열매를 맺 어 상품가치나 일용할 양식으로 탄생하여 많은 나무에 과일이 맺게 된다. 이제는 열매에 양분을 공급하는 것을 중지하게 되고 乙木은 줄 기나 잎, 열매에 영양을 중단하고 자신의 자생력을 가지려 한다.

카. 戌은 시간상으로 저녁 7시 30분 ~ 9시 29분이며, 9월이며 어둠으로 진입한다.

역할

가을의 계절은 열매를 성장시키고 견고하게 하며 그 결과를 탄생시 키게 된다. 甲木은 맺은 열매에 정성을 다해 공급하기도 하고 시간이 지나면 공급을 중단하고 상품으로서 가치를 받고 싶어 한다.

乙木은 자신을 희생하고 종족번성을 위해 모든 것을 내려놓아야 한 다. 가을은 줄기나 가지 또는 잎에 영양을 중단하고 열매에 영양을 공 급하는 시기이다. 백로가 되면 서리가 내리니 乙木은 건초가 되고 더 이상 자라지 못하니 벌초를 하게 되고 甲木은 한로를 기준하여 열매에 영양을 중단하며 자신이 살아가야 하기에 뿌리에 영양을 응축시킨다.

가. 가을은 결실의 계절에 해당하고 결실을 맺기 위해 태양이 필요하다.

나. 가을의 입장에서 필요치 않은 것이 水라는 것을 알게 된다.

다. 甲木은 태양이 천간에 있고 열매를 맺기 위하여 땅은 조토를 원하게 된다.

라. 乙木도 천간에 태양이 있으니 꽃을 피우고 지게 되며 己土가 있으면 많은 풀들을 건초로 만들어 가축이나 인간에게 유용한 가치를 부여한다.

가을은 사고력, 이상, 결실을 갖게 하고 결과를 만든다.

연구점

❖ 가을에는 물이 필요할까!

❖ 가을의 계절에 火가 많다면 꽃이 피고 열매가 제대로 맺을 수 있나!

❖ 가을의 계절에 木이 많다면 올바른 꽃과 열매가 맺히겠는가!

❖ 가을의 계절은 金이 있다면 좋아할까, 싫어할까!

❖ 가을의 木은 生木인가, 死木인가!

　겨울은 절기상 입동을 기준하여 입춘 전까지의 절기를 겨울이라 한다. 겨울을 알리는 입동은 양력 11월 7~8일경을 기준하게 된다. 만물이 성장을 멈추고 열매를 거둬들이기 시작하는 시기가 겨울이다.

　나무를 통해 관찰하면 甲木은 잎이 변색되고 낙엽이 되어 떨어지게 된다. 乙木은 건초로서 역할을 하거나 줄기와 잎이 말라버리게 된다.

　겨울은 음력으로 10(입동), 11(대설), 12(소한)로 구분한다.

가. 亥는 水에 해당하며 큰물이고 역마에 해당한다.

나. 亥는 오후 9시 30분 ~ 11시 29분에 해당한다.

다. 겨울이 시작되면서 과일은 수확을 하게 되고 乙木은 불을 지피는 역할이나 짐승에게 먹이로 제공하게 된다.

라. 10월은 곡식을 저장하고 겨울을 준비하기 때문에 거둬들인 곡식을 잘 관리하고 甲木은 잎, 가지, 줄기에 영양을 중단하고 뿌리에 응축하기 시작한다. 乙木도 뿌리에 물을 응축하여 겨울을 준비한다.

마. 11월은 절기상 대설에 해당하며 서서히 눈이 오고 찬바람을 맞이하게 되니 자연은 휴면상태로 돌아가고 인간은 수확을 한 곡식이나 열매를 창고에서 꺼내어 사용하게 된다.

바. 11월을 子월이라 하며 얼음이 얼게 되고 가축이나 인간은 외부활동이 적어지게 된다.

사. 子는 태양이 가장 멀리 있고 어둠 속에 陽이 태어나기도 한다. 11월은 태양이 필요하고 인간에게는 丁火가 더욱 필요한 시기이다.

아. 木은 제 역할을 하기 어렵고 土가 木을 보호하게 되니 11월은 火와

土가 중요한 역할을 하게 된다.

자. 12월은 丑월이고 소한부터 입춘 전을 말한다. 소한은 추위가 막바지에 이르고 추위가 서서히 물러감을 알 수 있다.

차. 丑은 土의 계절이면서 水의 기운을 지니고 있다. 火를 필요로 한다. 丑은 본 오행은 土이지만 계절은 겨울에 속한다. 木은 휴면상태에 있고 水를 응축하여 뿌리가 살아가도록 한다. 凍土이기에 불인 태양이 필요하게 된다.

역할

겨울의 계절은 생명을 보전하기 위하여 모든 것을 중단하고 자생력을 갖기 위하여 휴식기에 접어든다. 가축도 외부 활동이 없이 우리 안에서 성장을 하게 되고 인간도 그간 수확을 해 놓은 곡식을 곳간에서 빼 쓰는 시기이다. 또한 봄을 준비하기 위해 안정과 휴식을 취하는 시기이다.

겨울은 태양이 멀리 가 있고 일조량이 적어지게 되니 丁火를 더 반갑게 맞이한다. 겨울의 木은 사목이 되어 남의 보호를 받아야 하고 水는 얼어붙으니 반갑지 않으며 조토를 더 좋아하고 金을 보면 자신을 변화시키고 싶어한다.

작용

가. 겨울은 창고의 계절에 해당하고 안정과 휴식을 갖게 된다.

나. 겨울의 입장에서 필요치 않은 것이 水라는 것을 알게 된다.

다. 겨울은 지혜를 관장하니 생각이 높고 학문과 연관을 갖게 된다. 반대로 행동이나 실천력이 약해지고 움직임이 감소한다.

겨울은 준비, 계획, 설계를 갖게 하고 미래를 준비하게 만든다.

연구점

❖ 겨울에는 물이 필요할까! 겨울은 火가 있어야 하고 木은 生木.

❖ 겨울의 계절에 水가 많다면 꽃이 피고 열매가 제대로 맺을 수 있나!

❖ 겨울의 계절은 金이 있다면 좋아할까! 싫어할까!

❖ 겨울의 木은 生木인가, 死木인가!

5
육신(六神)의 원리

1 육신의 개요

육신(六神)은 다른 말로 육친(六親)으로 불리기도 하는데 이는 다 같은 용어로 쓰인다. 육친은 인간관계를 명리(命理)학적인 법칙에 맞추어서 나(我)를 기준으로 부모, 형제, 자식, 배우자 관계를 말하는 명칭이며 오행의 상충, 합, 화, 형살 등의 관계를 육친으로 대입하여 판단하는 학문이다.

육신은 타고난 사주를 주축으로 개인의 행·불행을 살펴야 하며 타고난 명의 전체적인 환경조건을 관찰하면서 오행 별들의 관계를 다각적으로 대입하게 된다.

육친을 포함하여 타인과의 관계와 성정(性情), 빈부(貧富), 사회성(社會性) 등을 논하며 사용하는 명칭이라고 할 수 있다. 육신은 열 개의 별이란 뜻으로 별 성(星)으로 불리기도 한다.

2 육신의 종류

① 비견(比肩)　　　② 겁재(劫財)

③ 식신(食神)　　　④ 상관(傷官)

⑤ 편재(偏財)　　　⑥ 정재(正財)

⑦ 편관(偏官)　　　⑧ 정관(正官)

⑨ 편인(偏印)　　　⑩ 정인(正印)

3 육신의 원리 해설

① 비견(比肩)

- 나와 같은 오행(陽과 陽, 陰과 陰)
- 甲일간이 천간에 甲이 사주원국에 있다면 이를 비견이라 한다
- 乙일간이 乙이 사주원국에 있다면 이를 비견이라 한다
- 다른 오행도 이와 같다

② 겁재(劫財)

- 일간과 같은 오행이나 陰과 陽이 다른 것
- 甲일간이 사주 또는 운에서 乙이 오는 것
- (陽 - 陰) 乙일간이 사주 또는 운에서 甲이 오는 것
- (陰 - 陽) 겁재는 오행이 같으나 陰과 陽이 다른 것

③ 식신(食神)

- 일간이 생하는 것
- 甲일간이 丙을 生하는 것(陽이 陽을 生하는 것)

- 乙일간이 丁을 生하는 것(陰이 陰을 生하는 것)
- 다른 오행도 이와 같음

④ 상관(傷官)
- 일간이 生하는 것
- 甲일간이 丁을 生하는 것(陽이 陰을 生하는 것)
- 乙일간이 丙을 生하는 것(陰이 陽을 生하는 것)
- 다른 오행도 이와 같음

⑤ 편재(偏財)
- 일간이 극하는 것
- 甲일간이 戊를 극하는 경우(陽이 陽을 극하는 것)
- 乙일간이 己를 극하는 경우(陰이 陰을 극하는 것)
- 다른 오행도 이와 같음

⑥ 정재(正財)
- 일간이 극하는 것
- 甲일간이 己를 극하는 것(陽이 陰을 극하는 것)
- 乙일간이 戊를 극하는 것(陰이 陽을 극하는 것)
- 다른 오행도 이와 같음

⑦ 편관(偏官)
- 일간인 나를 극해 오는 것(일간이 가장 두려워한다)

●甲일간을 庚이 극해 올 때(陽을 陽이 극해 올 때)

●乙일간을 辛이 극해 올 때(陰을 陰이 극해 올 때)

●다른 오행도 이와 같음

⑧ **정관(正官)**

●일간인 나를 극해 오는 것(일간이 두려워하는 오행)

●甲일간인 나를 辛이 극해 올 때(陽을 陰이 극해 올 때)

●乙일간인 나를 庚이 극해 올 때(陰을 陽이 극해 올 때)

●다른 오행도 이와 같음

⑨ **편인(偏印)**

●일간인 나를 생해 오는 것

●甲일간을 壬이 生해 주는 것(陽을 陽이 生해 주는 것)

●乙일간을 癸가 生해 주는 것(陰을 陰이 生해 주는 것)

●다른 오행도 이와 같음

⑩ **정인(正印)**

●일간인 나를 생해 오는 것

●甲일간을 癸가 生해 주는 것(陽일간을 陰이 生해 주는 것)

●乙일간을 壬이 生해 주는 것(陰일간을 陽이 生해 주는 것)

●다른 오행도 이와 같음

4 육신도표

(1) 도표 木

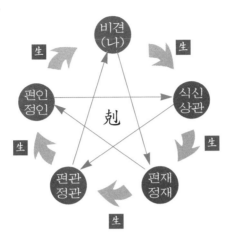

① **비아자**(比我者) ☞ 비견(比肩), 겁재(劫財)

- 일간과 같은 오행이며 陽과 陽을 비견(比肩)이라 한다.
- 일간과 같은 오행이나 陰과 陽이 다르면 겁재(劫財)라 한다.

② **아생자**(我生者) ☞ 식신(食神), 상관(傷官)

- 일간이 생하는 것(생해 주는 것)을 식신(食神), 상관(傷官)이라 한다.
  - 식신 : 일간과 陰, 陽이 같은 것을 말한다.
  - 상관 : 일간과 陰, 陽이 다른 것을 말한다.

③ **아극자**(我剋者) ☞ 편재(偏財), 정재(正財)

- 일간이 극하는 것을 재성(財星)이라 한다.
  - 편재 : 일간과 陰, 陽이 같은 것을 말한다.
  - 정재 : 일간과 陰, 陽이 다른 것을 말한다.

④ **극아자(剋我者)** ☞ 편관(偏官), 정관(正官)

- 일간인 나를 극하여 오는 것을 관성(官星)이라 한다.
  - 편관 : 일간과 陰, 陽이 같은 것을 말한다.
  - 정관 : 일간과 陰, 陽이 다른 것을 말한다.

⑤ **생아자(生我者)** ☞ 편인(偏印), 정인(正印)

- 일간인 나를 낳은 자(生해 오는 것)를 인성(印星)이라 한다.
  - 편인 : 일간과 陰, 陽이 같은 것을 말한다.
  - 정인 : 일간과 陰, 陽이 다른 것을 말한다.

천간 육신 조견표

五行	비견 比肩	겁재 劫財	식신 食神	상관 傷官	편재 偏財	정재 正財	편관 偏官	정관 正官	편인 偏印	정인 正印
甲	甲	乙	丙	丁	戊	己	庚	辛	壬	癸
乙	乙	甲	丁	丙	己	戊	辛	庚	癸	壬
丙	丙	丁	戊	己	庚	辛	壬	癸	甲	乙
丁	丁	丙	己	戊	辛	庚	癸	壬	乙	甲
戊	戊	己	庚	辛	壬	癸	甲	乙	丙	丁
己	己	戊	辛	庚	癸	壬	乙	甲	丁	丙
庚	庚	辛	壬	癸	甲	乙	丙	丁	戊	己
辛	辛	庚	癸	壬	乙	甲	丁	丙	己	戊
壬	壬	癸	甲	乙	丙	丁	戊	己	庚	辛
癸	癸	壬	乙	甲	丁	丙	己	戊	辛	庚

五行	비견 比肩	겁재 劫財	식신 食神	상관 傷官	편재 偏財	정재 正財	편관 偏官	정관 正官	편인 偏印	정인 正印
甲	寅	卯	巳	午	辰,戌	丑,未	申	酉	亥	子
乙	卯	寅	午	巳	丑,未	辰,戌	酉	申	子	亥
丙	巳	午	辰,戌	丑,未	申	酉	亥	子	寅	卯
丁	午	巳	丑,未	辰,戌	酉	申	子	亥	卯	寅
戊	辰,戌	丑,未	申	酉	亥	子	寅	卯	巳	午
己	丑,未	辰,戌	酉	申	子	亥	卯	寅	午	巳
庚	申	酉	亥	子	寅	卯	巳	午	辰,戌	丑,未
辛	酉	申	子	亥	卯	寅	午	巳	丑,未	辰,戌
壬	亥	子	寅	卯	巳	午	辰,戌	丑,未	申	酉
癸	子	亥	卯	寅	午	巳	丑,未	辰,戌	酉	申

(2) 채용론(體用論)

지지의 오행 중 巳午亥子를 정기 기준하여 육신 분류

> 巳 – 지장간 戊, 庚, 丙 (天干丙)
>
> 午 – 지장간 丙, 己, 丁 (天干丁)
>
> 亥 – 지장간　甲, 壬 (天干壬)
>
> 子 – 지장간 壬, 0, 癸 (天干癸)

멩리 진화정보론

PART 04

별들의 순환

맹귀 진화-정보론

1
陽日干

12운성을 쉽게 이해하는 방법에 대해 나열하였다.

❖ 甲은 계절로는 봄이다. 양간은 앞으로 나아가는 기질이 강하게 나타
나고 뿌리가 필요하게 된다. 지지의 뿌리 중 역마에 해당하는 지난 계
절을 취하게 된다. 甲은 봄이므로 지난 계절인 겨울을 뿌리로 보고 겨
울 중 역마에 해당하는 지지는 亥이다. 즉, 亥가 甲의 장생지가 된다.

❖ 丙은 계절이 여름이다. 지난 계절은 봄이고 지지에서 봄은 寅과 卯가
있는데 역마에 해당하는 지지는 寅에 해당된다.
따라서 寅의 장생지는 丙이 된다.

❖ 戊土는 火土同宮으로 丙火와 같이 배속된다.

❖ 庚은 계절이 가을이다. 여름이 뿌리에 해당하고 여름의 역마는 지지
巳, 午 중 巳가 역마에 해당한다. 즉, 巳가 庚의 장생지이다.

❖ **壬**은 겨울에 해당한다. 뿌리로는 가을에 해당하고 지지의 가을은 申과 酉가 있다. 申이 역마에 해당하므로 장생지에 해당한다.

❖ **양간**은 순행을 하므로 장생지를 기준하여 순행을 하면 된다.

2
陰日干

음일간으로는 乙·丁·己·辛·癸가 있다. 음간은 앞으로 나아가기 보다는 물러서는 기질이 강하여 앞으로 오는 계절의 제왕성을 장생지로 삼았다.

- ❖ 乙은 계절이 봄이다. 앞으로 오는 계절은 여름이고 여름의 제왕성은 午이다. 午에서 乙은 장생지가 되고 역행을 하였다.
- ❖ 丁은 계절이 여름이다. 앞으로 오는 계절은 가을이고 가을의 제왕성은 酉이다. 따라서 丁火는 酉가 장생지이고 역행을 하게 된다.
- ❖ 己土도 火土同宮이므로 丁火와 동일하게 적용한다.
- ❖ 辛은 계절이 가을이다. 앞으로 오는 계절은 겨울이다. 겨울의 제왕성은 지지에서 子에 해당한다. 즉, 子는 辛金의 장생지에 해당한다.
- ❖ 癸는 겨울에 해당한다. 앞으로 오는 계절은 봄이다. 봄은 지지로 寅

과 卯가 있다. 이중 제왕성은 卯이다. 따라서 癸水는 卯가 장생지에 해당하고 역행을 하게 된다.

12운성은 음생양사의 이론을 적용한 것으로 이해를 하면 활용하는데 많은 도움이 되지만 음양이 아닌 오행론으로 이해하면 불신할 수밖에 없게 된다.

③
12운성의 구성

1 순행의 순서

생 – 욕 – 대 – 록 – 왕 – 쇠 – 병 – 사 – 묘 – 절 – 태 – 양으로 이루어지게 된다.

❖ 陽일간에 해당하는 경우는 순행을 하게 된다.

2 역행의 순서

생을 기준한다면 **양–태–절–묘–사–병–쇠–왕–록–대–욕**으로 가는 것을 말한다. 즉, 시계 반대방향으로 진행하는 것을 말한다.

4
에너지 판단론

에너지 판단방법은 고법사주학에서 사용한 12운성을 기준하여 적용하게 된다. 12운성은 28숙에서 비롯된다. 28숙은 4계절에 7개의 별들로 구성하고 있고 子, 午, 卯, 酉는 2개의 별이 궁에 위치하여 제왕성으로 불린다. 주역의 4괘와 천간에서는 8개(戊, 己제외) 그리고 지지 12개를 합쳐 24절기를 이루게 된다.

12운성은 지지를 기준하여 적용하게 되고 지지를 고유의 숫자로 나타내었다.

가. 천귀성 (9점)

대운 지지를 기준하여 판단한다.

12운성[14]에서 "生"에 해당하며 인간으로는 출생에 비유할 수 있다.

---

14) 안성재, 『진로와 전공』, 한솔미디어, 2012

아직 유아기이고 발전과 희망을 주관하며 유년기에는 교육, 공부에 해당하며, 성인에게는 문서, 교육, 공부, 자격 준비에 비유하며 어떤 일이든 호기심과 연구심, 그리고 적극성을 지니는 시기이다.

나. 천황성 (7점)

12운성에서 "浴"궁에 해당하며 사춘기에 접어든 상태이며 이성, 관심, 조숙성이 강하게 지배하며 타인으로부터 인정을 받고 싶어하는 시기이다. 이성에 관심이 많아지고 사교적이며 분위기를 선호하는 시기이다. 기획성, 창조성이 강해지고 화술이 좋아지는 시기이다. 예술, 예능, 방송, 언론, 강사, 교육분야, 결혼상담, 이벤트업, 목욕업, 목욕용품 취급업, 유아용품, 속옷분야는 에너지가 증가하고 수익 실현이 많아지게 된다.

다. 천남성 (10점)

12운성에서는 "관대"에 해당하며 청소년 시기에 접어들어 자신의 미래를 걱정하는 시기이며 연구, 분석, 기획, 창조, 결속, 손재주, 자격을 갖추고 미래를 준비하는 시기로서 계획하고 준비하는 시기를 나타내기도 한다.

라. 천록성 (11점)

12운성에서 "綠"궁에 해당하며 준비과정을 거쳐 홀로서기를 하는 과정이며 청년기에서 장년기로 가는 과정이다. 분리, 독립, 명예, 직업을 갖는 시기에 해당하며, 가장 왕성한 에너지를 소유하는 시기이다. 리더십이 강해지고 단체생활, 조직, 직장에서 인정을 받는 시기와 같다.

마. 천장성 (12점)

12운성에서 "旺"궁에 해당하며 정상에 오른 심정이며 최고의 에너지를 지니고 있으며 장년기에 해당하며 열정, 의욕, 추진력이 왕성한 시기이다.

자신이 추구하려는 분야에서 가장 의욕적으로 일하는 시기이다. 다만 정상에 도달하면 내려가는 일만 남아 있어 자만, 교만은 금물이다.

바. 천당성 (8점)

12운성에서 "衰"궁에 해당하며 지난날을 뒤돌아보며 아쉬움을 뒤로한 채 물러나는 형국이니 중년기에 해당한다. 육체적으로 열정은 감소가 되나 정신적인 면이 발달하기 시작하며 생각, 지혜를 갖고 안정을 추구하려는 기질이 강한 시기이다. 인내심이나 참을성이 많아지나 의욕이 점차 감소가 되는 시기이다.

사. 천호성 (4점)

12운성으로 "病"궁에 해당한다. 중년기 과정에서도 늦은 중년기에 접어드는 과정과 같다. 의욕이 많이 저하되고 체력이 안 따라주게 되는 시기이다. 상대적으로 정신적인 세계나 사고력이 발달이 되나 육체적으로는 에너지가 많이 떨어지게 된다. 주로 앉아서 하는 업무나 명예분야, 공직분야는 인내심을 갖고 갈 수 있지만 사업에서는 기복이 따르게 되고 이동, 변동이 따르게 되며 자주 몸이 아프기 시작하는 시기이다. 의욕이 많이 저하되고 하던 일에서 변동수가 자주 생기는 시기이다.

아. 천극성 (2점)

12운성에서 "死"궁에 해당하며 의욕이 많이 떨어지고 하는 일에 자신감이 많이 상실될 수 있다. 노력에 비하여 수익이 감소하는 운과 같다. 중년기와 노년기에 해당하며 직업에 변화가 오게 되고 육체적인 사업이나 직장에서는 견디기가 어려워진다. 사업에서도 변화나 수익에서 차이가 발생하며 이동이 많아지는 시기이다. 수행하는 마음을 갖고 살아가야 하는 시기와 같다.

자. 천고성 (5점)

12운성으로 "墓"궁에 해당한다. 노년기에 접어들어 모든 것을 비우고 수양하는 시기이다. 사업은 정리를 하거나 새롭게 변화를 추구하는 시기이며, 창고에 있는 재물을 잘 활용할 수도 있고 또는 지출이 증가하는 시기가 될 수도 있다. 이 시기에 주로 자녀에게 유산이나 증여 또는 기부를 하게 되고 종교에 귀의하기도 한다.

차. 천치성 (1점)

12운성에서 "絕"궁에 해당하며 다시 시작하는 시기이다. 아직 땅 위에 있는 존재가 아니고 땅 속에서 생명을 호흡하는 시기이니 에너지가 다시 생기기 시작하는 시기이다. 계획, 연구, 그리고 준비를 하는 시기이다. 유아기에 해당이 되며 남의 도움이나 스스로 힘을 키워 나가야 하는 시기로 자수성가나 홀로서기를 시작해야 하는 시기이다. 기초를 튼튼히 다지면 훗날 어떤 일을 해도 성공을 하나 준비가 없이 시작하는 일에는 기복이 심하게 되므로 자격, 기술, 전문직으로 준비를 하는 기간이다.

가. 천보성 (3점)

12운성에서 "胎"궁에 해당하며 에너지가 서서히 회복이 되고 조금씩 자신감이 생기고 의욕과 적극성이 생기게 된다. 어느 분야든 준비, 계획이 되었거나 이미 시작을 하고 있다면 호전될 기미가 보이고 더욱 전문성을 갖고 살아가게 된다. 아직 준비가 안 되었다면 이 시기에 준비를 하고 계획, 구상, 실천을 하게 되면 좋고 새로운 전환시점으로 출발을 해도 원만하다. 직업이 생기거나 자영업을 시작하는 운이고, 공부도 능률이 오르기 시작한다. 목적 실현이 이루어지는 시기이다.

타. 천인성 (6점)

12운성에서 "養"궁에 해당하며 고생 끝에 안정이 되는 시기이고 준비된 분야에서는 왕성한 활동과 신뢰가 구축되는 시기이다. 자신이 가지고 있는 분야에서 인정을 받고 수익이 창출되고 지속적 유지가 이어지는 시기이고 혹 직업에 변동이나 실직이 되어도 또 다른 분야에 들어갈 수 있게 된다.

또한 이 시기에 종교로 귀의하거나 특수 분야에서 인정을 받기도 하며 고고학, 천문학, 의학, 침술, 역학, 예술분야자는 좋은 일들이나 변화가 생기게 된다.

(1) 에너지가 상승시 현상

❖ 의욕이 증가하게 되고 생각이 긍정적으로 변화가 된다.

❖ 자신감이 생기고 당면된 과제를 풀어가려고 노력한다.

❖ 생각으로 그치지 않고 도전하려고 한다.

❖ 천간의 십성에 따라 생각하는 분야가 달라지게 나타난다.

❖ 학생은 집중력이 높아지기도 하고 목적을 추구하려 한다.

❖ 직장인은 맡은 분야에서 적극성을 갖고 추진하려 한다.

❖ 사업자는 실천하려는 의지가 강하게 작용한다.

❖ 직업이 없는 경우는 정보를 활용하거나 준비하여 직장을 선택하려고 한다.

(2) 에너지가 하락시 현상

❖ 집중력이 감소하고 자신을 의심한다.

❖ 의욕이 약해지고 노력을 많이 해도 결과는 크지 않다.

❖ 생각이 많지만 행동으로 실천하는데 어려움이 따른다.

❖ 직업이 없는 경우는 올바른 직업이 생기기까지 지체 노고가 따른다.

❖ 학생은 집중력이 감소하거나 성적이 오르지 않게 되고, 자신이 목적하는 방향에서 수정할 일이 생긴다.

❖ 학생은 한 단계 낮추어 진학을 하거나 계열변동이 따르게 된다.

❖ 직장인은 의욕이 저하되고 소심하거나 신중하여 경쟁자에게 추월을 당하거나 진급이 지체된다.

❖ 사업자는 노력을 많이 하더라도 노고 지체가 많고 노력의 결과가 약하다.

이러한 작용이 정신적으로 크게 작용을 하고 행동 실천을 하는데 어려움이 많이 따르게 된다.

대운은 직업의 관계를 기준하여 분석을 하게 되고, 그 직업이 나에게 유익함을 주고 있는지 구체적으로 살펴야 한다.

PART 05

누구나 걸어가야 할 길

맹금 진화정보론

1
대운론

대운은 10년씩 유지되기 때문에 천간에 타고 있는 십성이 무엇인가에 따라 변화가 온다. 신강구조인가 신약구조인가를 판단하기 이전에 십성의 역할이 더 크다고 볼 수 있다. 직업은 그 사람의 성격과 상관성을 많이 가지고 있다고 볼 수 있다. 또한 십성이 용신에 해당하면 더욱 에너지 효과를 기대할 수 있다.

대운 천간은 일간과 월간을 기준하여 나타나는 현상이 크고 지지도 일지와 월지의 작용력이 매우 크게 작용한다는 것을 알 수 있었다.

가. 대운이 비겁이면 활동량이 늘어나고 몸이 분주해진다. 인간관계가 넓어지고 사회생활을 적극적으로 하게 된다. 이 과정에서 금전적으로 힘이 들거나 지출이 많아지지만, 용신이면 전화위복이 되고, 기신이면 채무가 증가하는 형국이다.

나. 대운이 식상이면 계획, 연구, 추진하는 일이 순조롭고 손재주, 교육, 화술, 이·미용분야, 의식주와 관계된 분야나 제조업은 이익이 증가하게 된다. 에너지가 상승을 하면 이익 실현이 좋고, 에너지가 하락을 하면 노고, 지체가 많거나 몸이 지친다.

다. 대운이 재성이고 에너지가 상승하면 목적실현이 잘 되고 자영업자나 유통업을 하는 경우 이익이 실현된다. 학생은 성적이 향상되고 자신이 원하는 분야로 진학하게 된다. 특히 입학사정관제나 수시로 진학을 하게 된다. 신약한 구조라 하더라도 이익이 실현되게 된다.

에너지가 하락을 하면 다소 어려움과 지체가 따르게 되나 소기의 목적을 실현하게 된다. 자영업은 두 배로 노력하려는 마음과 실천을 해야 하는 시기이다.

라. 대운이 관성이고 에너지가 상승을 하면 안정을 추구하게 되고 직장인은 승진이나 인정을 받게 된다. 학생은 성적이 향상되고 조기에 진학을 결정하게 된다. 사업자중 자영업을 하는 경우는 직업에 따라 차이가 생기게 된다. 국가를 상대로 하거나 군납, 대기업 납품은 좋고 자영업자는 확장이나 규모를 늘리기보다는 긴축경영을 해야 한다.

에너지가 하락을 하면 목적을 실현하는데 노고가 따르고 지체가 되기 쉽다. 자신감을 갖고 적극성을 가져야 한다.

학생인 경우도 자신이 원하는 분야로 진학하는데 어려움이 생겨 수정하거나 변동을 주게 된다.

마. 대운이 인성이고 에너지가 상승을 하면 문서와 연관되거나 행정 분야에서는 이익이 실현되고 교육 분야에서는 즐거움이 생긴다. 직접적인 사업이나 금전적인 일은 신중을 기해야 한다. 수수료, 중간역할자, 계약체결자는 수익이 증가한다.
에너지가 하락을 하면 자신이 추진하거나 계획하는 일에서 다소 어려움이 따르게 된다.

■ 대운 천간이 일간과 합이 되는 경우

가. 변한 오행이 일간에게 도움이 되는 경우

❖ 뜻하지 않은 좋은 일들이 생기게 된다.

❖ 노력에 비하여 이익이 증가한다.

❖ 노력한 결과가 따르게 된다.

❖ 처음에는 일이 안 되는 듯하다가 풀리게 된다.

❖ 변한 십성이 비겁이면 활동을 통하여 얻어지는 것이 많게 된다.

❖ 변한 십성이 식, 상이면 연구, 기획, 손재주, 아이디어, 제조분야, 음식, 아이관련업, 나눔을 주는 업에서 이익이 실현된다.

❖ 변한 십성이 재성이면 유통업이나 금전을 다루는 업, 일정한 봉급을 받는 분야에서 목돈이 들어오기도 하고, 생산, 판매분야에서 이익이 실현되기도 한다.

❖ 변한 십성이 관성이면 계약이나 문서상 이익이 실현되고 결혼, 출산, 납품업은 좋아지나, 자영업을 하는 경우는 지출이 증가하

거나 손해가 생기게 된다.

❖ 변한 오행이 인성이면 행정, 계약, 수수료, 교육분야, 정신세계와 관련된 분야는 금전적인 혜택이 따르고, 직접적으로 금전과 관계된 분야는 손실이 따르게 된다.

다만 신강구조와 신약구조에 따라 차이는 생길 수 있고 에너지가 상승을 하는 상태와 하락을 하는 상태에 따라 결과가 달라질 수 있다.

◉ 학생인 경우

변한 오행이 신강구조인 경우는 식상운이 좋게 나타나고 그다음이 관성운이었다. 신약구조는 비겁운이 오히려 목적 실현하는데 유리한 것으로 나타났다. 여기서도 에너지가 상승을 하는 상태와 하락을 하는 상태에서는 차이가 발생하였다.

가. 변한 오행이 일간에게 도움이 못 되는 경우

❖ 노력을 많이 해도 소득이 적거나 혜택이 적다.

❖ 자신이 목적하고 있던 일이 수정되거나 착오가 생긴다.

❖ 처음에는 일이 순조로워도 갈수록 일이 지체된다.

❖ 배신이나 불화가 발생한다.

❖ 변한 오행이 비겁이면 활동이 중지되거나 몸만 바쁘고 이익이 적다.

❖ 변한 오행이 식상이면 몸이 아프고 지치며 지출이 증가한다.

여성은 자식문제로 고민이 생기고 근심이 많아진다.

남성은 직업변동이 생기거나 실직, 직업변동의 일이 생기게 된다.

❖ 변한 오행이 재성이면 금전지출이 증가하거나 채무가 증가한다.

❖ 변한 오행이 관성이면 갑작스런 질병이나 사고가 발생할 수 있고 직업전환이나 남편으로 인한 근심이 발생한다.

❖ 변한 오행이 인성이면 문서나 계약에서 이익이 적거나 지체되고 금전적으로 어려움이 따른다.

학생은 성적이 오르지 않고 원하는 학교나 학과를 선택하기가 어렵다.

변한 오행이 충이 되면 작용력이 감소하고 계획이나 구상하는 일이 착오가 생긴다. 따라서 천간이 충이 되면 정신적인 요소들이 명쾌하게 정리되지 못하고 시간을 지체하게 만든다.

둘째 대운 천간이 충이 되거나 변한 오행이 일간 또는 월간과 충이 될 때 학생은 집중력이 떨어지고 노력에 비하여 결과가 미진할 수 있다.

자신이 선택한 학과가 있다면 학교를 낮춰서라도 진학하도록 권장한다.

2 대운 천간이 월간과 합이 되는 경우

합의 개념은 좋을 수도 있고 흉할 수도 있다.

즉, 합이 되면 본연의 역할을 못하게 된다. 따라서 합이 되어도 변한 오행이 일간에게 미치는 영향에 따라 생각이 변하게 되고 목적이 달라지게 된다.

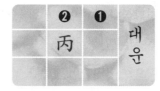

▶ 일간 己土는 대운 丙과는 정인에 해당한다.

▶ 정인(丙)은 월간 辛과 합을 하여 水로 변하였다.

▶ 일간 己土에서는 재에 해당한다.

▶ 인성이 변하여 재가 되면

- 문서상 이익이 발생한다.
- 재물이 들어온다.
- 사회활동을 통하여 얻어지는 금전적 이득이나 자신이 하는 분야에 서 수입이 증가하게 된다.
- 자영업은 거래처가 증가하거나 새로운 거래처가 생긴다.
- 공부를 하는 학생은 문과보다는 이과분야에서 성적이 향상되고, 공 부보다는 재물에 대한 관심이 높아지게 된다. 남자는 이성관계가 나 타나게 된다.
- 에너지가 상승을 하면 목적 실현이 잘 이루어지고, 에너지가 하락을 하면 지체되거나 노고가 따른다.

 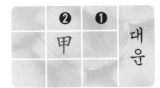

▶ 일간 己土와 대운 甲과의 관계를 보면 합이 되어 戊土로 변화되었다. 일간에서는 겁재에 해당한다.

▶ 이 대운에서는 어떤 일들이 진행되고 있는가를 분석할 필요가 있었다.

▶ 신강구조는 일간이 강해지게 되고, 신약구조는 협력이나 지원을 받게 된다.

● 일간이 왕해지면 몸이 바쁘고 활동도 왕성해지며 자아의 욕구가 강하게 나타난다.

● 상대적으로 대운의 甲은 일간에게 정관에 해당하지만 정관이 해당 대운에서는 본연의 역할을 수행하기가 어렵다.

● 직장인은 정관이 합이 되면 나는 좋을 것인가! 사업자는 어떨 것인가! 학생은 공부를 더 잘할 것인가! 둘째 대운은 진로와 관계가 되지만 셋째, 넷째... 어느 대운에서 나타날 것인가!이다.

● 본 사례는 진로를 준비하는 학생들에게 나타나는 현상에 대해 논하였다.

▶ 정관은 합리성과 규범을 관장한다. 합이 되어 겁재가 되면 활동성이 왕성해지고 정보교류를 통해 반사이익을 얻고자 한다.

▶ 겁재는 경쟁심리가 발달하고 진취적이기 때문에 기회를 활용하기 때문에 입학사정관제나 수시로 대학을 진학하는 게 유리하다.

▶ 신강구조인 경우는 자신이 하고 싶은 대로 진행하려 하고 신약구조는 정보활용이나 친구와 교류를 하여 목적을 이루어 내려 한다.

●길성은 생조를 해야 좋지만 沖을 받거나 合을 하면 본연의 역할을 다하지 못하는 것과 같다.

●둘째 대운의 에너지가 상승을 하는 경우와 하락을 하는 경우를 분석한 결과 대체적으로 상승을 하는 경우에 수시로 진학을 하여 목적을 실현하는 경우가 많았고, 에너지가 하락시 다소 지체되거나 원하는 방향에서 낮추는 경우가 많다는 것을 알 수 있었다.

●천간의 합은 정관 또는 정재가 합의 관계로 이루어져 있다.

③ 대운 지지가 일지와 합이 되는 경우

예

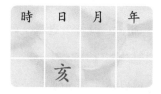

▶ 일주는 가정사이고 나에 대한 상황을 나타나게 된다.

▶ 미혼인 경우는 전체적으로 나의 일에 관한 내용이고 합이 되어 변한 오행이 木으로 더 강하게 작용한다.

- 학생은 더욱 책임감이 강하고 실천하여 결과를 도출하려고 한다.
- 에너지가 상승을 하면 목적 실현이 잘 되며 수시로 진학을 하는 경우가 많다.
- 에너지가 하락을 하면 다소 지체는 되나 결과는 좋다.
- 신강구조는 목적 실현이 원만하게 되고 신약구조이고 에너지가 하락을 하면 계열변동이 생기거나 한 단계 낮추어 진학해야 한다.

4 대운 지지가 월지와 합이 되는 경우

예

▶ 대운 지지 酉와 월지 辰이 합을 하여 金이 되어 己土 일간에서는 식상에 해당한다. 식상은 친화성, 배려, 나눔, 기획력, 손재주, 이과, 어린아이 가르침, 봉사와 관련된다.

- 학생은 미래를 연구, 계획, 준비하며 하나씩 풀어 나가려고 한다.
- 신강구조이고 에너지가 상승을 하면 결과가 좋게 나타난다. 입학사정관제나 수시 진학을 하는 경우가 많다.
- 신약구조이고 에너지가 하락을 하면 목적을 추구하는데 여러 요인이 기다린다.
- 신강구조이고 에너지가 하락을 하면 의욕이 감소되고 실천하는데

신중해지게 된다. 결과는 좋게 나타난다.

- 신약구조이지만 에너지가 상승을 하면 자신감을 회복하고 준비하여 결과를 이루게 된다.

5 대운 천간이 일간과 沖이 되는 경우

- 정신적으로 안정이 안 되고 서두르는 경향이 나타난다.
- 비겁이 충이 되면 활동이나 인간관계에서 갈등과 불화가 생긴다. 경쟁에서도 실수를 많이 하게 된다.
- 식상이 충이 되면 연기, 기획, 준비하는 과정이 지체되거나 신경이 예민해져 사소한 문제로 말다툼이 생긴다.
- 재성이 충이 되면 실현의 목적이 약해지고 다른 생각을 하게 되며 집중력이 떨어진다.
- 관성이 충이 되면 안정을 하려고 노력해도 서두르거나 조급해지고 뜻하지 않은 상황이 발생하기도 한다.
- 인성이 충이 되면 생각만 높고 실천을 하는데 지체되거나 집중력이 감소한다.

6 지지가 충, 형이 되면

▶ 행동 실천을 해도 결과가 약하거나 변동을 주는 경우가 많다.
▶ 지지는 작용이 오래 가고 결과를 나타나기 때문에 신약구조에 충이 오면 작용이 강하게 되고, 신강구조는 변화를 추구하려고 한다.

- 신강구조이고 에너지가 상승을 하면 전화위복의 기회로 삼는 경우가 많다. 그러나 용신을 충하면 용신의 작용이 소멸하게 되고, 기신을 충, 형하면 흉의 작용이 강하게 나타난다.
- 신강구조이더라도 에너지가 하락을 하면 실천을 하여도 결과가 미약할 수 있다. 공부를 아무리 열심히 하여도 성적이 오르지 않는 현상으로 본다. 여기에 에너지가 하락을 하면 실천하는데 긍정적인 요소보다 부정적인 요소를 갖고 시작을 하게 되므로 결과에서는 만족하기 어렵다.
- 신약구조이지만 에너지가 상승을 하면 시작, 출발이 지체되지만 자신감을 갖고 실천하면 노력의 결과가 오게 된다. 충, 형이 되면 학과를 선택하는데 신중하지만 한번 결정이 되면 결과를 갖게 된다.
- 신약구조이고 에너지가 하락을 하고 충, 형이 되면 분별력이 약해지고 자포자기의 심정을 지니게 된다. 즉, 될 대로 되라는 형국이다. 그렇지 않으면 몸이 아프거나 뜻하지 않은 변고로 고생을 하기도 한다.

이렇게 충, 형이 되어도 에너지 작용에 따라서 반전이 되기도 하고 아예 포기를 하기도 하므로 대운이나 세운의 관계에서 지지가 충, 형이 되고 에너지가 감소를 하면 목적을 실현하는데 난관이 많이 따르고 지체된다는 것을 알았다.

2
세운론

세운은 매년 오는 것을 의미하므로 천간에 있는 십성이 무엇인가에 따라 변화가 온다. 천간은 생각을 주관하게 되므로 어느 십성이 타고 있는가를 우선적으로 살펴야 하며, 지지는 형, 충을 판단하게 된다.

▶ 세운은 현재 나에게 당면되어 있는 과제를 갖게 된다. 학생은 공부가 잘 되고, 성적이 오르는 해인가! 좋은 대학을 들어 가겠는가! 직업이 없는 경우는 취직을 할 수 있는가! 미혼자는 결혼을 할 수 있는 해인가! 사업이나 자영업을 하는 사람은 돈을 벌 수 있는 해인가! 병자나 건강이 안 좋은 경우는 올해 병이 생기는가! 회복이 되겠는가! 부동산을 처분하는데 언제 가능한가! 등등 현재 나에게 가장 필요한 사항에 대해 잘 되는지, 안 되는지를 판단하는 것이 세운이다.

이렇게 당면된 목적이 성사되거나 지체되거나 손익을 판단하기 위해서는 여러 요인을 분석할 필요성을 가진다.

첫째, 천간의 십성이 용신인가 기신인가를 구분한다.

둘째, 지지가 沖, 刑인 경우와 용신을 沖하는 관계인지 기신을 沖하는 관계인지를 판단해야 한다.

셋째, 에너지가 상승을 하는 해인가! 하락하는 해인가를 살펴본다.

세운은 일의 당면성을 판단하는 곳이기 때문에 진학생들은 대체적으로 둘째 대운을 기준하여 판단하게 된다.

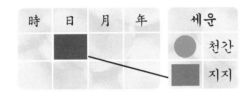

가. 세운이 비겁이면 활동량이 늘어나고 몸이 분주해진다. 인간관계가 넓어지고 사회생활을 적극적으로 하게 된다.

● 용신에 해당하면 학생은 정보를 얻기 위해 동분서주하거나 친구의 도움이나 협력을 받게 된다. 몸이 부지런해지고 갈망하게 되어 실천하려는 의지가 강하게 나타난다.

_지지가 충, 형이 되면 생각은 갈망하나 몸이 잘 실천하지 못한다.

● 기신에 해당하면 공부에 관심이 적고 인간관계에서 마찰, 불화가 따른다.

나. 세운이 식상이면 계획, 연구, 추진하는 일이 순조롭고 손재주, 교육, 화술, 이·미용분야, 의식주와 관계된 분야나 제조업은 이익이 증가하게 된다. 에너지가 상승을 하면 이익 실현이 좋고, 에너지가 하락을 하면 노고, 지체가 많거나 몸이 지친다.

다. 세운이 재성이고 에너지가 상승하면 목적 실현이 잘 되고 자영업자나 유통업을 하는 경우 이익이 실현된다. 학생은 성적이 향상되고 자신이 원하는 분야로 진출하게 된다. 특히 입학사정관제나 수시로 진학을 하게 된다. 신약한 구조라 하더라도 이익이 실현되게 된다.

에너지가 하락을 하면 다소 어려움과 지체가 따르게 되나 소기의 목적을 실현하게 된다. 자영업은 두 배로 노력하려는 마음과 실천을 해야 하는 시기이다.

라. 세운이 관성이고 에너지가 상승을 하면 안정을 추구하게 되고 직장인은 승진이나 인정을 받게 된다. 학생은 성적이 향상되고 조기에 진학을 결정하게 된다. 사업자중 자영업을 하는 경우는 직업에 따라 차이가 생기게 된다. 국가를 상대로 하거나 군납, 대기업 납품은 좋고 자영업자는 확장이나 규모를 늘리기보다는 긴축경영을 해야 한다.

에너지가 하락을 하면 목적을 실현하는데 노고가 따르고 지체가 되기 쉽다. 자신감을 갖고 적극성을 가져야 한다.

학생인 경우도 자신이 원하는 분야로 진학하는데 어려움이 생겨 수정하거나 변동을 주게 된다.

마. 세운이 인성이고 에너지가 상승을 하면 문서와 연관되거나 행정 분야에서는 이익이 실현되고 교육 분야에서는 즐거움이 생긴다. 직접적인 사업이나 금전적인 일은 신중을 기해야 한다. 수수료, 중간역할자, 계약체결자는 수익이 증가한다.
에너지가 하락을 하면 자신이 추진하거나 계획하는 일에서 다소 어려움이 따르게 된다.

■ 세운 천간이 일간과 합이 되는 경우

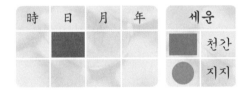

가. 변한 오행이 일간에게 도움이 되는 경우

❖ 뜻하지 않은 좋은 일들이 생기게 된다.

❖ 노력에 비하여 이익이 증가한다.

❖ 노력한 결과가 따르게 된다.

❖ 처음에는 일이 안 되는 듯 하다가 풀리게 된다.

❖ 변한 십성이 비겁이면 활동을 통하여 얻어지는 것이 많게 된다.

❖ 변한 십성이 식, 상이면 연구, 기획, 손재주, 아이디어, 제조분야, 음식, 아이관련업, 나눔을 주는 업에서 이익이 실현된다.

❖ 변한 십성이 재성이면 유통업이나 금전을 다루는 업, 일정한 봉급을

받는 분야에서 목돈이 들어오기도 하고, 생산, 판매분야에서 이익이
실현되기도 한다.

❖ 변한 십성이 관성이면 계약이나 문서상 이익이 실현되고 결혼, 출
산, 납품업은 좋아지나, 자영업을 하는 경우는 지출이 증가하거나
손해가 생기게 된다.

❖ 변한 오행이 인성이면 행정, 계약, 수수료, 교육분야, 정신세계와 관
련된 분야는 금전적인 혜택이 따르고, 직접적으로 금전과 관계된 분
야는 손실이 따르게 된다.

❖ 다만 신강구조와 신약구조에 따라 차이는 생길 수 있고 에너지가 상
승을 하는 상태와 하락을 하는 상태에 따라 결과가 달라질 수 있다.

❖ 학생인 경우

변한 오행이 신강구조인 경우는 식상운이 좋게 나타나고 그다음이
관성운이었다. 신약구조는 비겁운이 오히려 목적 실현하는데 유리
한 것으로 나타났다. 여기서도 에너지가 상승을 하는 상태와 하락을
하는 상태에서는 차이가 발생하였다.

나. 변한 오행이 일간에게 도움이 안 되는 경우

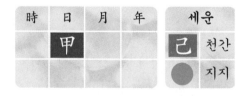

❖ 노력을 많이 해도 소득이 적거나 혜택이 적다.

❖ 자신이 목적하고 있던 일이 수정되거나 착오가 생긴다.

❖ 처음에는 일이 순조로워도 갈수록 일이 지체된다.

❖ 배신이나 불화가 발생한다.

❖ 변한 오행이 비겁이면 활동이 중지되거나 몸만 바쁘고 이익이 적다.

❖ 변한 오행이 식상이면 몸이 아프고 지치며 지출이 증가한다.

　여성은 자식문제로 고민이 생기고 근심이 많아진다.

　남성은 직업변동이 생기거나 실직, 이직의 일이 생기게 된다.

❖ 변한 오행이 재성이면 금전 지출이 증가하거나 채무가 증가한다.

❖ 변한 오행이 관성이면 갑작스런 질병이나 사고가 발생할 수 있고 직업전환이나 남편으로 인한 근심이 발생한다.

❖ 변한 오행이 인성이면 문서나 계약에서 이익이 적거나 지체되고 금전적으로 어려움이 따른다.

　학생은 성적이 오르지 않고 원하는 학교나 학과를 선택하기가 어렵다.

▶ 변한 오행이 충이 되면 작용력이 감소하고 계획이나 구상하는 일이 착오가 생긴다. 따라서 천간이 충이 되면 정신적인 요소들이 명쾌하게 정리되지 못하고 시간을 지체하게 만든다.

▶ 세운 천간이 충이 되거나 변한 오행이 일간 또는 월간과 충이 될 때 학생은 집중력이 떨어지고 노력에 비하여 결과가 미진할 수 있다.

▶ 자신이 선택한 학과가 있다면 학교를 낮춰서라도 진학하도록 권장한다.

❷ 세운 천간이 월간과 합이 되는 경우

▶ 합의 개념은 좋을 수도 있고 흉할 수도 있다. 즉 합이 되면 본연의 역할을 못하게 된다. 따라서 합이 되어도 변한 오행이 일간에게 미치는 영향에 따라 생각이 변하게 되고 목적이 달라지게 된다.

사례

▶ 일간 己土는 세운 丙과는 정인에 해당한다.

▶ 정인(丙)은 월간 辛과 합을 하여 水로 변하였다.

▶ 일간 己土에서는 재에 해당한다.

▶ 인성이 변하여 재가 되면

❖ 문서상 이익이 발생한다.

❖ 재물이 들어온다.

❖ 사회활동을 통하여 얻어지는 금전적 이득이나 자신이 하는 분야에서 수입이 증가하게 된다.

❖ 자영업은 거래처가 증가하거나 새로운 거래처가 생긴다.

❖ 공부를 하는 학생은 문과보다는 이과분야에서 성적이 향상되고, 공부보다는 재물에 대한 관심이 높아지게 된다. 남자는 이성관계가 나타나게 된다.

❖ 에너지가 상승을 하면 목적 실현이 잘 이루어지고 에너지가 하락을

하면 지체되거나 노고가 따른다.

 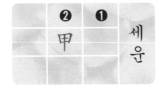

▶ 일간 己土와 세운 甲과의 관계를 보면 합이 되어 戊土로 변화되었다. 일간에서는 겁재에 해당한다.

▶ 세운에서는 어떤 일들이 진행되고 있는가를 분석할 필요가 있었다.

▶ 신강구조는 일간이 강해지게 되고, 신약구조는 협력이나 지원을 받게 된다.

일간이 왕해지면 몸이 바쁘고 활동도 왕성해지며 자아의 욕구가 강하게 나타난다.

상대적으로 세운의 甲은 일간에게 정관에 해당하지만 정관이 해당 세운에서는 본연의 역할을 수행하기가 어렵다.

직장인은 정관이 합이 되면 나는 좋을 것인가! 사업자는 어떨 것인가! 학생은 공부를 더 잘할 것인가!

본 사례는 진로를 준비하는 학생들에게 나타나는 현상에 대해 논하였다.

❖ 정관은 합리성과 규범을 관장한다. 합이 되어 겁재가 되면 활동성이 왕성해지고 정보교류를 통해 반사이익을 얻고자 한다.

❖ 겁재는 경쟁심리가 발달하고 진취적이기 때문에 기회를 활용하기 때문에 입학사정관제나 수시로 대학을 진학하는 게 유리하다.

❖신강구조인 경우는 자신이 하고 싶은 대로 진행하려 하고 신약구조는 정보활용이나 친구와 교류를 하여 목적을 이루어 내려 한다.

길성은 생조를 해야 좋지만 충을 받거나 합을 하면 본연의 역할을 다 하지 못하는 것과 같다.

세운의 에너지가 상승을 하는 경우와 하락을 하는 경우를 분석한 결과 대체적으로 상승을 하는 경우에 수시로 진학을 하여 목적을 실현하는 경우가 많았고, 에너지가 하락 시 다소 지체되거나 원하는 방향에서 낮추는 경우가 많다는 것을 알 수 있었다.

천간의 합은 정관 또는 정재가 합의 관계로 이루어져 있다.

❸ 세운 지지가 일지와 합이 되는 경우

예

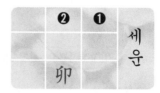

▶ 일주는 가정사이고 나에 대한 상황을 나타나게 된다.
▶ 미혼인 경우는 전체적으로 나의 일에 관한 내용이고 합이 되어 변한 오행이 木으로 더 강하게 작용한다.

❖ 학생은 더욱 책임감이 강하고 실천하여 결과를 도출하려고 한다.

❖ 에너지가 상승을 하면 목적 실현이 잘 되며 수시로 진학을 하는 경우가 많다.

❖ 에너지가 하락을 하면 다소 지체는 되나 결과는 좋다.

❖ 신강구조는 목적 실현이 원만하게 되고 신약구조이고 에너지가 하락을 하면 계열변동이 생기거나 한 단계 낮추어 진학해야 한다.

4 세운 지지가 월지와 합이 되는 경우

예

 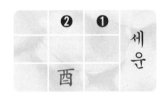

▶ 세운지지 酉와 월지 辰이 합을 하여 金이 되어 己土 일간에서는 식상에 해당한다. 식상은 친화성, 배려, 나눔, 기획력, 손재주, 이과, 어린아이 가르침, 봉사와 관련된다.

❖ 학생은 미래를 연구, 계획, 준비하며 하나씩 풀어 나가려고 한다.

❖ 신강구조이고 에너지가 상승을 하면 결과가 좋게 나타난다.
입학사정관제나 수시 진학을 하는 경우가 많다.

❖ 신약구조이고 에너지가 하락을 하면 목적을 추구하는데 여러 요인이 기다린다.

❖ 신강구조이고 에너지가 하락을 하면 의욕이 감소되고 실천하는데

신중해지게 된다. 결과는 좋게 나타난다.

❖신약구조이지만 에너지가 상승을 하면 자신감을 회복하고 준비하여 결과를 이루게 된다.

5 세운 천간이 일간과 충이 되는 경우

❖정신적으로 안정이 안 되고 서두르는 경향이 나타난다.

❖비겁이 충이 되고 활동이나 인간관계에서 갈등과 불화가 생긴다. 경쟁에서도 실수를 많이 하게 된다.

❖식상이 충이 되면 연기, 기획, 준비하는 과정이 지체되거나 신경이 예민해져 사소한 문제로 말다툼이 생긴다.

❖재성이 충이 되면 실현의 목적이 약해지고 다른 생각을 하게 되며 집중력이 떨어진다.

❖관성이 충이 되면 안정을 하려고 노력해도 서두르거나 조급해지고 뜻하지 않은 상황이 발생하기도 한다.

❖인성이 충이 되면 생각만 높고 실천을 하는데 지체되거나 집중력이 감소한다.

6 지지가 충, 형이 되면

▶ 행동 실천을 해도 결과가 약하거나 변동을 주는 경우가 많다.

▶ 지지는 작용이 오래가고 결과를 나타나기 때문에 신약구조에 충이 오면 작용이 강하게 되고, 신강구조는 변화를 추구하려고 한다.

❖ 신강구조이고 에너지가 상승을 하면 전화위복의 기회로 삼는 경우가 많다. 그러나 용신을 충하면 용신의 작용이 소멸하게 되고, 기신을 충, 형하면 흉의 작용이 오히려 좋게 나타난다.

❖ 신강구조이더라도 에너지가 하락을 하면 실천을 하여도 결과가 미약할 수 있다. 공부를 아무리 열심히 하여도 성적이 오르지 않는 현상으로 본다. 여기에 에너지가 하락을 하면 실천하는데 긍정적인 요소보다 부정적인 요소를 갖고 시작을 하게 되므로 결과에서는 만족하기 어렵다.

❖ 신약구조이지만 에너지가 상승을 하면 시작, 출발이 지체되지만 자신감을 갖고 실천하면 노력의 결과가 오게 된다. 충, 형이 되면 학과를 선택하는데 신중하지만 한번 결정이 되면 결과를 갖게 된다.

❖ 신약구조이고 에너지가 하락을 하고 충, 형이 되면 분별력이 약해지고 자포자기의 심정을 지니게 된다. 즉, 될 대로 되라는 형국이다. 그렇지 않으면 몸이 아프거나 뜻하지 않은 변고로 고생을 하기도 한다.

이렇게 충, 형이 되어도 에너지의 작용에 따라서 반전이 되기도 하고 아예 포기를 하기도 하므로 대운이나 세운의 관계에서 지지가 충, 형이 되고 에너지가 감소를 하면 목적을 실현하는데 난관이 많이 따르고 지체된다는 것을 알았다.

맹구 진화정보론

PART 06

근본적인 삶

멩리 진화정보론

독립적, 주체성
多 : 자만심, 독단성

자아의 욕구

주도적, 지배성
多 : 배타적, 우월심리

직관성, 분석적
多 : 냉소적, 가학심리

친화성, 창의성
多 : 자기도취, 주관적

비겁

수용의 욕구

친화의 욕구

**심 성
심 리**

탐구성, 탐구성
多 : 폐쇄적, 극단심리

인성

식상

감각적, 예술성
多 : 이탈심리, 방황

행동적, 실천성
多 : 공격적, 경쟁심리

다변성, 유용성
多 : 탐욕, 소유심리

안정의 욕구

실현의 욕구

합리성, 자율성
多 : 자학적, 수축성

구조적, 정밀성
多 : 우월심리, 소심성

○ 성격은 사주 원국에서 결정된다. 따라서 성격은 변하지 않는다. 다만 인성이나 학식에 의하여 조절하게 된다.

○ 성격 심리 분석은 월지에서 자신의 本氣가 심리분석에 적합하다.

○ 기질이 강하게 작용하는 경우는 원국에서 어느 십성이 많을 때 내면에 잠재되어 있다.

보다 심리분석을 하기 위해서는 십성의 작용에 대해 폭 넓은 상식과 이해가 필요하다.

2
십성의 특성

❶ 貫索 : 동질성, 독립성

❷ 石門 : 이질성, 독단성

❾ 龍高 : 재치와 추구성

❿ 玉堂 : 생리성, 정신성

❸ 鳳閣 : 희생심, 친화성

❹ 調舒 : 예술성, 표현성

❽ 車騎 : 행동성, 실천성

❼ 牽牛 : 합리성, 모범성

❺ 祿存 : 탐재성, 유동성

❻ 司祿 : 실리성, 노력성

❖ 격국을 기준하여 해당 작용이 강하게 나타난다.

❖ 원국에 많거나 적을 때는 해당 십성의 기질이 강하기도 하고 약하기
   도 하다.

❖ 많으면 흉성의 기질이 강하게 작용한다.

❖ 없으면 기질이 약하게 작용한다.

3
격국 선정

1 월지를 기준한다.
2 태양력을 적용한다.
3 자신의 생일과 과거 절기까지의 일수를 기준 한다.
4 지장간의 본기가 격국에 해당한다.

본기란 정기를 말하는 것이 아니라 자신의 생일부터 과거절기까지 계산을 하면 나온 일수가 초기에 해당하면 초기 지장간이 자신의 본기이다. 중기생 이면 중기에 해당하는 천간이 자신의 본기에 해당하며, 정기생이라면 정기 에 해당하는 천간이 자신의 본기라 말한다.

子 지장간은 초기가 壬이고 10일을 관장하고, 癸가 미래절기 전까지 정기로 관장한다.

丑 초기가 癸이고 10일을 관장하고 辛이 중기에 해당하며 3일을 관장하고, 정기는 己土가 미래절기 전날까지 담당한다.

寅 초기는 戊이고 8일을 관장하며, 중기는 丙이 7일에 해당하며, 정기는 甲이 다음 절기일까지 관장한다.

卯 초기는 甲이 10일을 관장하고, 정기는 乙이 다음 절기 전까지 관장한다.

辰 초기는 乙이 10일을 관장하고, 중기는 癸가 3일을, 정기는 戊가 다음 절기일 전까지 관장한다.

巳 초기는 戊가 6일을, 중기는 庚이 9일을 관장하고, 정기는 丙이 다음 절기 전까지 관장한다.

午 초기는 丙이 10일, 중기는 己가 9일, 정기는 丁이 다음 절기 전까지 관장한다.

未 초기는 丁이 10일을, 중기는 乙이 3일, 정기는 己가 다음 절기 전까지 관장한다.

申 초기는 戊가 11일, 중기는 壬이 3일, 정기는 庚이 다음 절기 전까지 관장한다.

酉 초기는 庚이 10일 관장하고 정기는 辛이 다음 절기 전까지 관장한다.

戌 초기는 辛이 10일 관장하고 중기는 丁이 3일 관장하며, 정기는 戊가 다음 절기전날까지 관장한다.

亥 초기가 甲이고 13일을 관장하며, 정기는 壬이 다음 절기 전까지

관장한다.

 초기는 壬이 10일을 관장하고 정기는 癸가 다음 절기 전까지 관장한다.

❖ 지장간은 지지 속에 감추어진 천간을 나타내는 것으로 360도에 적용하는 것이 아니라 땅의 입장에서 판단하게 되니 365일을 적용하는 게 이치에 맞는다고 본다.

❖ 寅申巳亥를 역마라 하고, 생지의 출발이라고도 한다.

역마는 소나 말에 해당한다. 동물은 앞으로 달리는 것은 좋아하나 뒷걸음질을 하지 못한다. 그렇기 때문에 앞으로 나아가는 것을 좋아하고 나아가기 위해서는 큰 벌판이나 운동장이 필요하게 된다. 그래서 초기를 넓은 벌판에 해당하는 戊土를 초기에 적용하게 되었다. 동물이 앞으로 달리는 형국은 계절의 입장에서는 미래절기에 해당한다. 즉, 중기는 앞으로 오는 계절의 양간을 중기로 취용하였다는 놀라운 사실을 이해하게 되었다. 정기를 보고 다음과 같이 이해를 하게 된다.

☽ 해설

역마는 앞으로 달리는 동물이기 때문에 陰을 만나면 달리지 못하고 연애를 하려고 하기 때문에 陰을 만나면 본연의 역할을 하지 못하게 된다. 따라서 초기도 陽이고 중기도 陽이므로 정기도 곧 陽으로 적용해야 한다.

❖따라서 인신사해는 초기, 중기, 정기가 모두 양으로 구성되게 되므로 陰을 취하지 않게 된다.

❖훗날 많은 학자들이 陽에 대한 특성을 판단한 것이 양은 세력을 따라가기 때문에 陰에 종하지 않는 것으로 논하였다.

❖巳의 지장간이 초기가 戊(운동장), 중기 庚(앞으로 오는 계절의 陽), 정기 丙(巳는 본래 지지의 陰[體]이지만 用은 丙을 쓴다)을 적용하는 이유는 앞서 논한 내용으로 갈음한다.

❖亥는 역마에 해당한다. 그래서 초기가 戊가 관장하고, 중기를 앞으로 오는 계절인 가을의 庚을 사용하였다. 정기는 본래 정음양을 사용한다면 陰을 취해야 하나 陽을 사용하여 壬이 정기에 해당한다. 즉, 體와 用이 각기 다르게 사용된다(다만 亥는 戊土가 존재할 것인가!).

❖따라서 巳亥는 체와 용을 쓰는 방법이 반대로 되어 있다.

■ 子와 午도 體와 用을 각기 다르게 사용해야 하는가!

지장간법에 대한 이론이 3가지로 나뉜다. 천문이 360도이기 때문에 360도에 맞추어 사용하는 태음력의 지장간법과 지지가 365일이므로 태양의 절기에 맞추어 사용하는 지장간법이 있으며 또 다른 한 가지는 귀곡자 선생이 사용한 365일 지장간법 중에서 子午卯酉는 제왕성이기 때문에 음양이 관장하지 않고 陰이 지배하는 것이라 하였다.

가. 子의 해설

子는 옹달샘, 이슬, 소량의 물에 비유한다. 이러한 소량의 물들이 각기 다른 골짜기에서 흘러나와 냇가를 이루고 호수나 바다로 흘러가게 된다. 그런데 바닷물이나 호수의 큰 물(壬)이 10일간 지배를 하고 이후 癸水가 지배한다는 것이 가능할까! 이다. 陽의 기질은 陰을 만나면 본연의 역할을 못하게 되고, 陰은 대세를 따라야 하니 빛을 발할 수 있는가이다.

壬수는 본연의 역할을 다하지만 계곡의 산골짜기의 물이나 이슬이될 수 없다는 것이 자연의 이치다. 즉 각자가 지닌 특성을 고수하므로 음양이 순환하는 이치이기 때문에 子는 적은 물들이 모여 시냇물을 이루니 子는 癸가 절기를 관장해야 하는 게 옳다는 논리이다.

ㄴ. 午의 해설

午도 제왕성이기 때문에 음양이 혼합되면 제왕이 될 수 없다는 논리이다. 다만 땅이 폭발하면 영원히 폭발하여 지구를 뜨겁게 만들어 생존하지 못하게 하는 게 아니라 때가 되면 폭발이 멈추고 난 후에는 흙으로 변화가 되니 午의 초기는 己土가 20일을 관장하고, 丁火가 미래 절기 전까지 관장한다는 이론이 뒷받침하고 있다.

본 서에서는 격국을 정할 때 태양력을 기준하여 적용하였으며 앞으로 귀곡자이론을 가지고 연구에 박차를 다할 것이다.

戊 초기생이면 편인격

丙 중기생이면 편관격

甲 정기생이면 편재격

　자신의 생일부터 과거 절기까지 계산하여 나온 일수가 초기, 중기, 정기 중에서 어디에 해당하는가에 따라 격국이 달라지게 된다.

　명리학은 계절의 학문이고 절기의 학문이기 때문에 이 논리를 적용하여 격국을 정하게 되고, 그 다음으로 중요한 것이 바로 격국을 통하여 진학계열이나 직업에 대해 연구하고 증명하는 계기가 필요하다고 본다. 지금은 하나의 계열 속에 존재하는 학과가 매우 많다. 또한 직업을 보더라도 다양하고 종류가 많아 격국이나 용신을 기준하여 맞춘다는 것은 모래 속에서 바늘을 찾는 것과 같은 형국이다.

사례 1

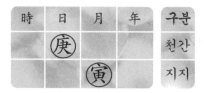

時	日	月	年	구분
	庚			천간
		寅		지지

◉ 생일을 기준하여 과거절기(입춘)까지 6일이라면!

　_寅의 지장간에는

　　戊土가 8일

　　丙火가 7일

　　甲木이 앞으로 오는 절기 전날까지 사령

▶ 6일은 초기에 해당한다.

▶ 위 경우 격국은 戊土로 편인격에 해당한다.

■ 편인격의 성격이 내재되어 있는 성격이며 학과를 선정하더라도 훗날 남을 가르치거나 행정 분야로 진출하려고 한다. 즉, 돈을 많이 추구하기보다는 지혜나 자격을 갖추고 삶을 살아가길 희망한다.

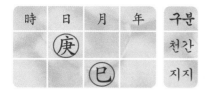

時	日	月	年	구분
	庚			천간
		巳		지지

◉ 자신의 생일이 과거절기부터 산출하여 10일에 해당한다면!

_巳의 지장간에는 戊土가 6일

庚金이 9일

丙火가 다음 절기일 전날까지 사령한다.

▶ 10일은 중기에 해당하므로 庚金이 격국에 해당한다.

▶ 일간 庚과는 비견에 해당한다.

▶ 비견격에 해당하게 된다.

■ 비견이 내재되어 있는 성격을 지니게 되고 학과를 전공하거나 직업을 선택할 때 활동성이 강한 분야의 직업을 선택하게 된다. 구속이나 억압을 싫어하고 자유분방함과 자아의 욕구가 강하므로 책임을 주거나 권한을 맡기면 최고의 능력을 발휘하게 한다. 국가공무원으로 가더라도 활동이 많은 부서로 가야 적응하게 되고, 직장인이면 영업이나 출장이 많은 부서 또는 영업점이나 지점으로 가서 활동을 많이 하거나 인력을 관리하는 역할을 매우 잘한다. 사업을 하더라도 몸을 부지런하게 움직이거나 활동이 많은 직업에 종사해야 성취감을 갖게 된다. 학과를 선택하더라도 행정분야보다는 정보파악이나 인간관계 구성, 조직 관리와 같이 부지런히 움직여야 하는 직업에 적합하다.

4
십성과 인간관계

비. 겁

▶ 비, 겁은 유년기에 해당한다.

▶ 어린아이는 자신이 하고 싶은 것을 하려는 기질이 강하다.

▶ 구속이나 억압을 싫어하고 떼를 쓰고 자기 것으로 만들고 싶어 하는 기질이 강하다.

▶ 돈의 개념이 없기 때문에 자기 마음에 들면 돈과 관계없이 충족시켜야 속이 풀리기 때문에 충족 본능이 강하다.

▶ 다른 사람과 경쟁에서 내가 뛰어나다는 것을 보여주려 하고 지지 않으려고 한다.

▶ 공부보다는 같은 친구끼리 놀거나 자유로움을 더 좋아한다.

▶ 가만히 앉아 있지를 못하고 금방 싫증을 낸다.

▶ 철부지 시기이기 때문에 어떤 일을 벌려도 부모가 해결하는 시기
이다.

- 자유로움과 구속을 싫어하고 인간관계를 더 선호하게 된다.
- 반복된 일이나 오래도록 앉아 있는 것을 싫어하는 유형이라 활동
이 많은 것을 좋아한다.

- 경쟁에서 이기거나 리더자의 기질을 갖추고 살아가려 한다.
- 구속이나 억압, 간섭을 싫어하게 된다.
- 자신이 추구하려는 것은 물, 불을 가리지 않고 돈의 가치와 관계없
이 가지려 한다.

연구점

- 비견이나 겁재가 원국에 많다면 어떤 현상이 나타날까?
- 비, 겁이 약하거나 인성이 없다면 나타나는 현상은!

식, 상

▶ 식상의 특징으로는 친화의 욕구가 강하게 작용한다.
▶ 청소년기와 장년기를 맞이하는 시기이다.
▶ 이 시기는 자신의 전문성을 찾기 위하여 진로를 선택하고 직업을

준비하는 시기이다.

▶ 청소년기 가장 중요한 것이 자신에게 적합한 학과를 선택하는 것이고 자기의 계발을 가장 목표로 삼고 있다.

▶ 자신과 잘 맞는 친구나 이성을 찾는 시기이고 정신적으로 육체적으로 가장 왕성한 시기이다.

▶ 지구력과 인내력 참을성을 감내하는 시기이다.

▶ 전문가가 되기 위하여 연구, 노력, 배려, 희생을 하려는 기질이 강하고 남에게 봉사하는 시기도 이 시기이다.

▶ 미래를 준비하는 기간이며 자신이 나아갈 방향을 정하는 시기이다.

▶ 남성은 집단속에서 지구력과 인내심을 배우게 되기도 한다.

▶ 식, 상은 계획, 준비, 설계, 실천, 나눔, 희생, 배려, 봉사와 관계가 된다.

▶ 식신은 이과계열에 더 적합하고 손재주나 전문직 또는 엔지니어 분야이기도 하다.

▶ 상관은 정신적 세계와 표현력을 관장하니 예술, 음악, 화술과 관련되게 된다.

▶ 상관은 관을 극하기 때문에 얽매이기 보다는 자유로움 속에 화려함을 선호하기도 한다.

☯ 연구점

■ 식신이나 상관이 원국에 많다면 어떤 형상이 나타날까?

■ 식상이 약하거나 비겁이 약하다면 나타나는 현상은!

재성

▶ 재성의 특징으로는 실현의 욕구가 강하게 작용한다.

▶ 장년기에 해당하는 시기이다.

▶ 이 시기는 자신의 전문성을 기준하여 직업을 갖는 시기이다.

▶ 장년기 가장 중요한 것은 안정된 직업이나 자신에게 적합한 직업을 선택하는 것이고 경제적인 문제를 가장 고민하는 시기이기도 하다.

▶ 직업이 안정되면 배우자 선택에 유리하고 직업이 불안정하면 노고 지체가 많이 따르는 시기도 이 시기이다.

▶ 안정을 추구하고 싶어 하며 결혼관, 자녀관, 경제적인 문제가 동시에 대기하는 시기이다.

▶ 자신이 가진 분야를 토대로 전문가의 길로 접어드는 시기이며 목적 실현이 가장 필요한 때이다.

▶ 현실을 준비하는 기간이며 자신이 나아갈 방향을 정하는 시기이다.

▶ 재성은 이과계열에 더 적합하고 수리력이나 상황 판단력이 발달되어 경제적으로 이익을 추구하고 싶은 기질이 강한 시기이다.

▶ 편재는 탐재성과 유동적이기 때문에 부지런하게 이해관계를 잘 살피고 기회를 잘 활용한다.

▶ 정재는 일정한 수입이나 변동이 적은 재물에 해당하므로 노력에 의한 물질이다.

■ 편재나 정재가 원국에 많다면 어떤 형상이 나타날까?

■ 편재가 약하거나 정재가 약하다면 나타나는 현상은!

관성

▶ 관성의 특징으로는 안정의 욕구가 강하게 작용한다.

▶ 중년기에 해당하는 시기이다.

▶ 이 시기는 자신의 전문성을 물려주거나 휴식을 취하는 시기에 접어든다.

▶ 중년기 가장 중요한 것은 직업의 유지와 안정을 최우선으로 하는 시기이다.

▶ 이 시기는 돈이 가장 많이 지출되고 필요한 시기이다. 자녀들은 청소년기에 접어들고 등록금이나 결혼 등으로 자식에게 지출될 액수가 커진다.

▶ 안정을 추구하면서 자녀관, 정년퇴직, 노후가 동시에 대기하는 시기이다.

▶ 관성의 시기는 몸이 지칠대로 지친 형국이니 휴식과 안정을 원하게 된다. 돈을 벌어도 자식에게 투자를 하는 형국이니 돈이 잘 모이질 않는 시기와 같다.

▶ 관성은 재의 시대를 지났기 때문에 실현의 욕구가 갈수록 지체되거나 노고가 많게 된다.

▶ 사업이나 신규투자는 어려움이 많게 된다. 서서히 몸이 지쳐가니

모험이나 투기, 요행은 거리가 멀다.

▶ 몸이 아픈 데가 많아지고 의욕이 저하되는 시기이므로 친화성이
나 목적 실현을 하는데 경쟁에서 뒤쳐지게 된다.

◐ 연구점

■ 관성이 원국에 많다면 어떤 형상이 나타날까!

■ 관성이 원국에 많다면 어떤 현상이 나타날까!

■ 관성이 약하거나 재성이 약하다면 나타나는 현상은!

인성

▶ 인성의 특징으로는 수용의 욕구가 강하게 작용한다.

▶ 노년기에 해당하는 시기이다.

▶ 이 시기는 전문성을 전문가나 자식에게 물려주거나 문서를 만들
어 후세에 전해주려고 한다.

▶ 노년기에 가장 중요한 것은 받아들이려는 마음과 정신세계가 발
달한다는 것이다.

▶ 직업의 변화와 물러서려는 마음이 작용한다.

▶ 이 시기는 돈에 대해 욕심이 없어진다. 노인은 정신적으로는 발
달하지만 육체적으로는 쇠퇴하여 몸을 많이 쓰는 것을 피하려고
한다.

▶ 직업은 없어지거나 자식에게 물려주는 형국이고 이를 겸허하게
받아들이는 것이 인성이다.

▶ 수용의 마음을 갖고 자녀관, 노후가 동시에 대기하는 시기이다.

▶ 인성의 모든 것을 내려놓는 형국이니 자신 앞으로 되어 있는 것을 자식에게 물려주거나 문서화한다.

▶ 인성은 관성의 시대를 지났기 때문에 안정의 욕구가 작용하므로

▶ 사업이나 신규투자는 어려움이 많게 된다. 서서히 몸이 지쳐가니 모험이나 투기, 요행은 거리가 멀다.

▶ 몸이 아픈 데가 많아지고 의욕이 저하되는 시기이므로 친화성이 나 목적 실현을 하는데 경쟁에서 뒤쳐지게 된다.

☯ 연구점

■ 인성이 원국에 많다면 어떤 형상이 나타날까!

■ 인성이 원국에 없다면 어떤 현상이 나타날까!

■ 편인이 약하거나 관성이 약하다면 나타나는 현상은!

5
강약 분석법

▇ 원국 분석법

본서에서는 생년, 생월, 생일과 지장간(연지, 월지, 일지)을 통하여 강약을 구분하게 된다. 사주는 원칙상 8자를 기준하여 강약을 논하는 게 일반적이지만 시를 모르는 경우는 강약을 구분하는데 난해하여 귀곡자 이론을 기준하여 강약을 판단하였다.

일반적으로 8자를 기준하여 강약을 판단하는데, 본서에서는 9자를 기준하여 강약을 판단하였다.

❖ 연, 월, 일 6자와 연지장간, 월지장간, 일지장간에 속한 자신의 본기를 기준하여 9자로 구성한다.

❖ 일간을 기준으로 5자가 인, 비로 구성되면 신강구조로 판단하였다.

❖ 일간을 기준하여 인, 비가 4개이고 식, 재, 관이 5개일 때 월주가 득령

을 한 경우는 신강구조이고, 실령을 하면 신약구조로 판단하였다.

❖ 격국은 유년기부터 30세에 해당하는 경우에 가장 필요하며, 그 이후로는 용신이 중요하다는 것을 알았다.

② 시에 대한 연구

본서는 서울대 재학생을 통하여 설문자료를 기준하여 출간하는 서적으로서 설문응답자료를 기준하여 통계분석을 한 서적이다. 주로 재학생들의 일간과 격국을 통하여 진학계열과의 관계성을 집중적으로 연구 분석하고 그 결과를 내놓는 것으로 하였다.

설문응답을 한 학생 중 38%에 해당하는 학생은 시에 대해 기록을 하지 못했고 기록을 요청해도 모르기 때문에 적을 수 없다는 이야기를 한다. 시간을 내어 부모님께 전화를 하고 물어보면 태어난 시를 알려 줄 수 있지만 그렇게 하면 설문을 거부하기 때문에 많은 애로사항이 따랐다.

時가 왜 설문응답에 필요한가에 대해 물어올 때마다 일일이 설명을 하기엔 어려움도 많지만 설문지를 회수하기가 어렵다는 것을 직접 경험을 해보지 않고는 논하기가 어렵다.

제2차 설문조사를 교육대를 방문하여 교육대 진학생의 설문조사를 실시하여 받은 결과도 마찬가지로 40%에 이르는 학생들이 자신이 태어난 시에 대해 알지 못한다는 결과가 나왔다.

앞으로 명리학에서 격국이나 용신을 정하는 데 역학인의 입장에서 판단한다면 통계분석이 쉽사리 이루어지지 않을 것이라 본다.

時는 근묘화실이고 노후에 해당하며 자식과 관련된 자리이다. 따라서 청소년기에 해당하는 학생이 시를 몰라도 대학을 진학하고 직업을 갖고 살아가는데 별 무리가 없다는 것이다.

모든 사람들이 사주팔자를 귀히 여기고 자신이 태어난 시간을 의무적으로 알아야 한다면 매우 반가운 일이나 현실적으로 명리(역학)의 학문을 고이 대접을 받고 있는가! 자문자답을 해 봐도 별 도리가 없다는 것이다.

우리 역학은 이런 문제를 도전하고 발전시키며 새로운 연구 논문들이 등장하여 교육학이나 심리학 분야보다 정확성이 크다는 것을 입증하기 위해서는 고통과 시련을 감내해야만 할 것이다. 따라서 본 연구에서는 시를 적용하지 않고 삼주 6자와 지장간 3자를 적용하여 총 9자의 삼주 9자로 강약을 분석하는 것으로 하였다.

時	日	月	年	구분
	甲	寅		연간
				지지
		초기생이면 戊(편재격) 중기생이면 丙(식신격) 정기생이면 甲(비견격)		지장간 본기

본기란 자신의 생일을 기준하여 과거절기까지 일수를 계산하여 나온 것이 초기에 해당할 때는 초기가 본기이고, 중기에 해당할 때는 중기가 본기이고, 정기생일 때는 정기가 곧 본기에 해당한다.

③ 신강의 조건

- ❖ 월지가 일간과 같은 오행이거나 인성에 해당할 때 득령한 것으로 한다.
- ❖ 일지가 일간과 같은 오행이거나 인성이면 득지로 판단한다.
- ❖ 월지와 일지가 일간을 돕거나 같은 오행인 경우 신강구조이다.
- ❖ 득령을 하지 못했지만 득지를 하고 득세를 하면 신강구조이다.
- ❖ 일간을 돕는 세력이 지장간을 포함하여 5개 이상이면 신강구조로 적용한다.
- ❖ 월지를 기준하여 삼합이 되어 변한 오행이 일간을 도울 때는 신강구조로 판단한다.

그 외에는 신약구조로 판단하게 된다. 혹자는 월지를 기준하여 이합 (子丑合 土, 寅亥合 木, 卯戌合 火……) 등에 대해서도 적용을 해야 한다고 하나 일부는 이치에 맞으나 맞지 않는 이합이 더 많아 제외시켰다.

예 子丑합이 土가 되는가, 水가 되는가!

어느 것이 더 영향력이 큰가를 놓고 보면 土보다 水의 작용이 더 크다. 寅亥合은 生合으로 木에게 힘이 가니 가능한 합이다.

卯戌合은 제왕성이 극을 하니 火로 변하였다. 적용할 수 있는가!

辰酉合 土生金이지만, 巳申의 合은 극합의 관계에서 水로 변해 버렸다. 가능한가!

午未合化 : 계절이 다 불이다. 土가 있으면 불기운을 조절해 주기 때문에 열이 化한다는 논리는 맞는다.

이중에서 적용할 수 있는 것이 寅亥와 辰酉는 가능하지만 나머진 논리가 구체적이지 못하여 아예 적용을 하지 않는 게 맞는다고 보았다. 따라서 지지의 이합은 적용하지 않지만 삼합은 작용력이 강하게 나타난다.

4 삼합론

자기 오행으로부터 5번째 가서 만나는 오행으로만 구성된 것이 삼합이다.

가. 寅 - 午 - 戌 = 丙火

세 자가 다 원국(연, 월, 일)에 있으면 火局의 작용력을 갖고 있다. 세 자 중 두 자가 제왕성을 월지에 두고 있으면 작용력을 갖고 있다.

※ 월지가 午이고 일지가 戌인 경우, 월지가 午이고 연지가 寅인 경우, 월지가 午이고 일지가 寅인 경우, 월지가 午이고 연지가 戌인 경우는 국이 아니고 火의 세력으로 뭉쳐진다는 것을 말한다.

나. 巳 - 酉 - 丑 = 庚金

세 자가 다 원국(연, 월, 일)에 있으면 金局의 작용력을 갖고 있다. 세 자 중 두 자가 제왕성을 월지에 두고 있으면 작용력을 갖고 있다.

※ 월지가 酉이고 일지가 丑인 경우, 월지가 酉이고 연지가 巳인 경우, 월지가 酉이고 일지가 巳인 경우, 월지가 酉이고 연지가 丑인 경우는 국이 아니고 金의 세력으로 뭉쳐진다는 것을 말한다.

다. 亥 - 卯 - 未 = 甲木

세 자가 다 원국(연, 월, 일)에 있으면 木局의 작용력을 갖고 있다. 세 자 중 두 자가 제왕성을 월지에 두고 있으면 작용력을 갖고 있다.

※ 월지가 卯이고 일지가 亥인 경우, 월지가 卯이고 연지가 未인 경우, 월지가 卯이고 일지가 未인 경우, 월지가 卯이고 연지가 亥인 경우는 국이 아니고 木의 세력으로 뭉쳐진다는 것을 말한다.

라. 申 - 子 - 辰 = 壬水

세 자가 다 원국(연, 월, 일)에 있으면 水局의 작용력을 갖고 있다. 세 자 중 두 자가 제왕성을 월지에 두고 있으면 작용력을 갖고 있다.

※ 월지가 子이고 일지가 辰인 경우, 월지가 子이고 연지가 申인 경우, 월지가 子이고 일지가 申인 경우, 월지가 子이고 연지가 辰인 경우는 국이 아니고 水의 세력으로 뭉쳐진다는 것을 말한다.

❶ 三合은 年月日이 삼합이면 작용이 매우 세다.
❷ 三合은 月日時가 삼합이면 작용이 매우 세다.
❸ 三合이 年日時이어도 삼합의 작용이 크다.

PART 07

명리학의 진학정보론

멩키 진화정보론

본 서에서는 격국을 기준하여 진학에 관한 정보를 제공하게 된다. 격국은 10정격으로 정하고 계열은 9개로 정하여 진학률이 가장 높은 계열과 빈도분석과 교차분석을 통하여 진로에 대한 정보를 제공하고자 하였다.

또한 대학을 진학하는 해당 대운에 대해서도 십성과 에너지를 비교하여 나열하였다.

1
첫째 대운 지지가 비견, 겁재일 때

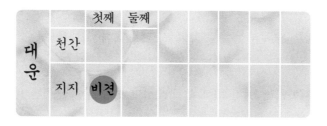

대운		첫째	둘째				
	천간						
	지지	비견					

　첫째 대운에 진학을 하는 학생은 10대운에 해당한다. 대부분의 청소년이 대학을 진학하는 나이가 19세 전후이다. 첫째 대운이나 둘째 대운에서 지지를 기준하여 십성이 무엇인가를 이해해야 한다.

　둘째 에너지가 상승하는 경우와 하락하는 경우로 분석하게 된다.

　셋째 에너지는 생각, 정신세계, 행동, 실천과 관련성이 크기 때문에 상승시에는 긍정적인 요소가 발달하게 되고, 에너지가 하락을 하면 부정적인 요소가 더 작용을 하기 때문에 적극적이지 못하거나 소심하기 때문에 신중하게 결정하려고 한다.

1 에너지가 상승을 할 때

■ 비겁은 활동성 · 진취력 · 조직력 · 인간관계를 구성하는 별이다.

■ 비겁은 정보 활용이다. 공부를 잘하는 친구가 선후배를 통하여 정보를 받고 모방을 하거나 방법을 전달받아 실천하여 내 것으로 만들려는 기질이 강하다.

■ 비겁은 놀기를 좋아하고 구속을 싫어하게 되니 부모님의 잔소리나 갇혀서 공부하는 것을 매우 싫어하기 때문에 자유분방하게 공부를 하는 게 더 효과적이다.

■ 복습을 하더라도 열린 공간에 대중이 많은 장소에서 공부를 하면 경쟁심과 동질심이 발달하게 되어 목적을 실현하는데 유리하다.

■ 지속적으로 앉아 있기 보다는 계획표를 만들어 스케줄을 활용하면 학습효과가 더 증가한다.

■ 음악을 들으며 공부를 하거나 운동을 하며 책을 보거나 돌아다니며 공부를 하는 것도 적합하다.

■ 친구들과 서류 교류하여 자신이 가장 잘하는 과목을 분담하여 정보 교류를 갖는 것도 도움이 된다.

❖ 에너지가 상승을 하게 되면 실천하려는 기질이 강하게 나타나

고 자신이 지향하는 학과로 갈 수 있다.

❖신강구조에 비겁으로 신강한 구조인데 대운이 비겁에 해당하면 친구나 이성에 관심이 많게 되거나 돈을 추구하려 한다면 목적 실현이 잘 이루어지지 않고 시행착오가 생긴다는 것을 기억해야 한다.

❖신강구조에 대운이 비겁이라 하더라도 에너지가 상승을 하면 생각을 바르게 가지려 한다.

❖신강구조에 대운이 비겁인데 에너지가 하락을 하면 자신이 계획하는 학과나 계열을 가기가 어렵고 수정 · 시행착오 · 포기를 하는 경우가 많다.

따라서 에너지가 하락을 하면 자신감 · 의욕 · 실천성 · 판단력이 감소하게 되니 노력의 결과가 미약하게 작용한다는 것을 알았다.

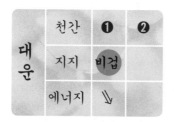

2 에너지가 하락할 때

■정보력 · 활동력 · 의욕이 감소하게 된다.

■인간관계에서 마음의 문을 닫거나 만나는 것을 싫어한다.

■자기만의 시간이나 패쇄적인 공간 또는 혼자 있는 것을 원한다.

■ 친구관계나 인간관계가 원만하지 않고 따돌림을 받거나 소외된다고 판단한다.

■ 의욕이 감소하고 친구간의 정보나 도움을 받기가 어렵고 학업에 관심을 갖지 않게 된다.

■ 공부에 집중력이 떨어지고 흥미를 느끼기 어렵다.

■ 공부가 잘 되는 시간을 활용하거나 한 단계 낮추어 대학을 진학하는 게 유리하다.

■ 자신이 계획하는 계열이나 학과에 진학하는데 어려움이 많이 따르게 되니 대학보다 내가 원하는 학과를 먼저 파악하고 성적에 맞는 대학을 선택해야 한다.

❖ 신약구조라 하더라도 에너지가 상승을 하면 의욕이 상승하고 행동, 실천하려는 기질이 강하게 작용하여 목적을 실현한다.

❖ 신약구조에 에너지가 하락을 하면 중도에 포기하거나 내가 지향하는 학과를 선택하기가 어렵고 정규대학보다는 전문대로 진학을 많이 한다.

에너지가 하락을 할 때는 자신의 마음을 견고하게 다지고 자신이 계획하는 학과에 진학하도록 행동, 실천을 하는 게 가장 현명하다.

첫째 대운 지지가 식신, 상관일 때

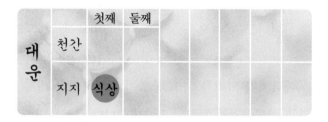

첫째 대운 지지를 기준하여 십성이 무엇인가를 이해해야 한다.

둘째 에너지가 상승하는 경우와 하락하는 경우로 분석하게 된다.

셋째 에너지는 생각, 정신세계, 행동, 실천과 관련성이 크기 때문에 상승시에는 긍정적인 요소가 발달하게 되고, 에너지가 하락을 하면 부정적인 요소가 더 작용을 하기 때문에 적극적이지 못하거나 소심하기 때문에 신중하게 결정하려고 한다.

1 에너지가 상승을 할 때

■ 식상은 친화성·준비력·계획력·기획성·배려·나눔을 구성하는 별이다.

■ 식상은 미래준비를 하는 과정이다. 청소년기에 해당하니 자신의 미래에 대하여 계획하고 준비하는 과정이며, 첫 관문인 진로를 결정하는 시기이다.

■ 식신은 지속적이거나 꾸준함을 바탕으로 결과를 창출하려는 기질이 강하다.

■ 상관은 생각, 정신세계, 추측, 공상 등이 뛰어나고 화술, 임기응변력이 발달한다.

■ 복습을 하더라도 계획을 하여 실천하는 것이 바람직하며 공부를 잘하는 친구를 분석하여 친화성을 바탕으로 정보를 공유하려고 한다.

■ 상대를 배려하며 분위기를 만들어 감동을 주려는 노력을 기울이는 것이 식, 상이다.

■ 미래에 대해 기획하고 준비하며 도전하려는 의지가 강하여 목적을 실현하게 된다.

❖ 신강구조인 경우는 경쟁력에서 우의를 다지게 되고 입학사정관

제나 수시로 진학을 하려고 한다.

❖ 신약구조인 경우도 목적을 성취하게 되고 수시에서 기쁨이 따르지 않으면 정시에서 실현하게 된다.

❖ 공부 방식도 자신이 계획한 과정대로 서두르지 말고 준비하면 좋은 결과가 나타난다.

❖ 식상은 한밤중형에 해당하여 밤 11시부터 새벽 1시까지가 집중력이 발달하게 되니 시간활용을 잘 하도록 한다.

2 에너지가 하락할 때

■ 노력을 많이 하여도 좋은 결과가 나오기 힘들다.

■ 학습을 하는데 있어서 공상이나 잡념이 많아지고 의욕이 저하되니 한 권의 책을 보더라도 안심이 안 된다. 상대적으로 다른 책을 보아야 한다는 강박관념이 존재한다.

■ 학습방식에 변화를 주어야 한다. 자신이 주도적 학습을 하겠다고 판단한 과목에만 정신을 집중하고 서두르지 않아야 한다.

■ 계획성이나 준비성이 산만해지거나 이행을 하는데 어려움이 많게 된다.

■ 인간관계에서 마음의 문을 닫거나 만나는 것을 싫어한다.

■ 공부에 집중력이 떨어지고 흥미를 느끼기 어렵다.

■ 공부가 잘 되는 시간을 활용하거나 한 단계 낮추어 대학을 진학하는 게 유리하다.

수시로 진학을 하도록 권유한다. 특히 대학보다는 자신이 가장 좋아하는 분야로 진학하도록 해야 한다.

여성은 식상의 시기에 조숙하게 되고 이성교제나 또 다른 분야에 흥미를 갖게 되어 집중력이 감소하게 된다.

3
첫째 대운 지지가 재성일 때

■ 재성은 실현의 욕구가 강하게 작용하고 승부욕이나 수리력이 강하게
　작용한다.

■ 대운이 재성에 해당하는 경우는 남자는 성적이 향상되는데 시간이
　많이 소요된다.

■ 재는 이성교제, 애인, 재물에 해당하는 별이기 때문에 공부하는 학생
　에게는 하나의 시험기간이라고 볼 수 있다.

■ 이과 분야에 유리하게 작용하는 것도 재성에 해당한다.

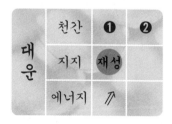

■ 에너지가 상승을 할 때

- ◼ 의욕이 증가하고 목적을 실현하기 위하여 많은 노력을 기울인다.

- ◼ 목표를 잘 설정하고 추진하려는 기질이 강하게 작용한다.

- ◼ 실천한 결과가 따르게 된다.

- ◼ 승부욕이 강해지고 목적을 향해 정진하다.

- ◼ 재성의 시기는 새벽 형으로 일찍 자고 일찍 일어나 새벽 시간대를 활용하면 성적이 향상된다.

- ◼ 교과목도 수학이나 자연, 과학분야에서 성적이 향상된다.

- ◼ 재격구조에 재성운을 만나면 인기가 있고 이성교제가 이루어지므로 입시생은 다소 조심을 해야 한다.

- ◼ 주로 입학사정관제로 진학을 하는 게 유리하고 그 다음으로 수시 진학이 좋다.

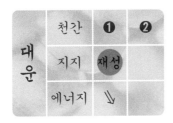

■ 에너지가 하락을 할 때

- ◼ 재성운은 공부보다 실리를 추구하려는 기질이 강하게 작용하기 때문에 금전적인 문제나 이성문제가 나타나 공부에는 인연이 적게 된다.

- ◼ 에너지가 하락을 하면 의욕이 감소하고 능동적이기보다는 소극적

인 마음과 행동을 갖게 된다.

■노력을 해도 결과는 약하게 되니 많은 시간을 들여 공부를 해도 성적이 잘 향상되지 않는다.

■에너지가 하락 시 이성교제나 호기심을 유발하여 공부를 해도 다른 생각을 하기 때문에 집중력이 감소한다.

■자신이 가장 좋아하는 과목을 집중적으로 복습을 하는 게 유리하다.

■동료의 도움이 적게 되고 정보력이 감소하니 나의 부족한 부분을 채우려 하지 않는다.

■한 단계 낮추어 진학을 하는 게 유리하고 수시로 진학을 하면 유리하고 정시진학시 고난과 역경이 많이 따른다.

■통계적으로 재성운이고 신약구조이면 학교를 가지 않거나 중도에 포기하는 경우가 많기 때문에 다른 사람의 두 배로 노력을 해야 목적을 실현하게 된다.

■남자는 이성교제를 유의해야 하고 좌절하지 않고 꾸준한 노력을 실천하면 소기의 목적을 실현한다.

4
첫째 대운 지지가 관성일 때

관성은 안정의 욕구가 강하고 명예를 주관한다. 편관은 행동과 책임을 다하는 실천성이 강하고, 정관은 합리성과 규범을 관장한다.

편관은 솔선수범하여 어려운 일을 적극적으로 나서서 해결하는 유형이고, 정관은 일정한 룰을 지키기 위하여 법률이나 제도를 만드는 역할을 의미한다.

1 에너지가 상승을 하면

■ 행동, 실천하려는 의욕이 증가하고 실행하려고 한다.

■ 규칙을 정하여 학습을 하게 되고 끈기력과 인내력을 바탕으로 목적을 성취하려 한다.

■ 노력한 결과가 있으므로 자신이 계획하는 일이 순조롭다.

■ 관성은 새벽보다는 한밤중형에 적합하여 학습을 하더라도 새벽보다는 한밤중인 밤 10시부터 새벽 1시까지 집중력이 높아진다.

■ 자신을 낮추고 부족함을 채우려고 실천할수록 좋은 시너지를 기대할 수 있으므로 부족한 과목에 대해서는 친구를 통하여 교류하는 것도 좋다.

❖ 신강구조는 목적을 실행하는데 유리하고, 신약구조는 다소 지체가 따른다.

❖ 편관에 해당하는 경우는 무관이나 국가에 소속된 학과에 유리하고 정관은 행정분야가 유리하게 작용한다.

❖ 신약구조는 수시로 진학을 하는 게 유리하게 작용하였다.

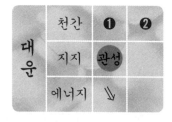

2 에너지가 하락을 하면

■ 공부를 하더라도 조급해지거나 안정이 안 된다. 한 분야에 집중하

여 학습이 이루어지도록 실천해야 하며, 포기하지 않아야 한다.

▣ 책상에 오래도록 앉아 있어도 집중력이 약해지고 학습의욕이 저하되므로 견과류를 섭취하며 학습을 하는 게 좋다.

▣ 자신과의 싸움에서 극복을 해야 목적이 이루어지게 되고 방심하거나 나태하면 노력한 결과에 비하여 성적이 향상되지 않는다.

▣ 갑작스런 질병이나 건강이 나빠질 수 있으므로 운동이나 규칙적인 생활습관이 필요하다.

▣ 포기하거나 신경을 많이 쓸수록 정신적 압박감이 오니 여유있는 마음을 갖고 한 계단씩 오르려는 마음과 자세를 가져야 한다.

❖ 신강구조에 에너지가 하락시 자신감이나 의욕이 하락하지만 소기의 목적을 실현할 수 있으므로 주도적인 학습방법에 만전을 기하고 수시로 진학을 하는 게 유리하다.

❖ 신약구조는 의욕이 저하되고, 자신감이 약해지니 중도에 포기하게 되니 한 단계 낮추어 진학을 하는 게 유리하다. 정시모집에서는 불리하므로 수시로 진학을 권유한다.

5
첫째 대운 지지가 인성일 때

　인성은 수용하는 마음, 즉 받아들이고 헤아리는 마음이 큰 시기를 인성이라 한다. 이 시기는 정신적으로 발달되지만 육체적으로는 쇠퇴하는 시기이다. 노년의 시기로 불린다.
　인성은 문서, 행정, 공부, 수양을 나타내는 별이다.

■ 에너지가 상승을 할 때
　■에너지가 상승을 할 때는 긍정적인 생각과 실천을 하려고 한다.

- ■ 자신이 목표하는 과목이나 진로에 대하여 꾸준하게 실천하게 되고 목적을 이루게 된다.
- ■ 성적이 향상되게 되고 집중력이 빨라지는 시기이기 때문에 생각을 실천하면 좋은 결과가 나타나게 된다.
- ■ 입학사정관제나 수시로 진학을 하는 경우가 많다.
- ■ 능률적인 학습이 잘 이루어지는 시간은 한밤중이 유리하다.
- ■ 인성은 조용한 가운데 성적이 향상되므로 주변이 시끄럽거나 산만하면 집중력이 감소된다.
- ■ 자신이 가장 잘하는 분야에서 상을 받거나 윗사람의 추천을 받아 목적을 실현하는데 유리하다.
- ■ 원국에 인성이 많은데 운까지 인성이면 잠이 많거나 나태해지기 쉽다. 또한 모든 일을 신중하게 생각하다 기회를 놓치는 경우가 많다.
- ■ 원국에 인성이 약한데 운이 인성이면 기회를 잘 포착하려 하고 상황을 잘 활용한다.

- ❖ 신강한 구조인 경우에 인성운이 오면 자만하지 말고 생각을 줄이고 꾸준한 실천이 중요하다.
- ❖ 자신이 만족하지 못하면 재수를 잘하는 것도 이 경우이다.

2 에너지가 하락을 할 때

▣ 자신감이나 의욕이 수축되고 신경이 날카로워진다.

▣ 공부를 하더라도 집중력이 감소되고 오래도록 공부를 해도 성적이
향상되지 않는다.

▣ 즉, 노력을 많이 하는데도 성적이 오르지 않거나 자신이 희망하는
분야로 진로를 갖기가 어렵다.

▣ 불평불만이 생기고 부정적인 요소들이 잠재되어 있어 집중하는데
시간이 많이 걸린다.

▣ 잡념을 줄이고 한 과목에 매진하여 끝나면 다른 과목을 보도록 해
야 한다.

▣ 공부를 하기 전 생각을 정리하기 위한 5분 명상시간을 갖는 것이
좋다.

▣ 한번 마음 먹으면 끝까지 실천하려는 의지를 가져야 한다.

▣ 주로 재수를 많이 하는 경우에 해당한다.

▣ 수시로 진학을 하는 게 유리하고 정시진학시 계열변동을 하는 경
우가 많다.

6
둘째 대운 천간, 지지가 비견, 겁재일 때

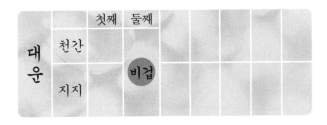

둘째 대운 천간에 해당하는 경우는 15~19세에 주로 해당한다. 이 시기가 대학을 진학하는 시기이며 천간은 생각을 주관하게 된다. 어떤 십성이 타고 있는가와 사주 강약을 구분하여 상담을 하게 된다.

❖ 신강, 신약을 구분하고 그 다음으로 십성이 가진 특성에 대해 분석하고 그 다음으로 에너지가 상승하는가, 하락을 하고 있는가를 판단하여 진학상담을 해 주면 적중률이 매우 높아지게 된다.

대운	천간	❶	❷ 둘째 대운
	지지		비겁
	에너지		↗

❶ 대운의 에너지가 상승할 때

▣ 자신감이나 적극성이 발달하고 교우관계에서 주도적 역할을 하는 시기이므로 친구를 통하여 정보를 제공 받으려 한다.

▣ 경쟁력이 생기고 승부욕이 좋아지니 하면 된다는 생각이 지배적이다.

▣ 목적 실현을 하는데 유리하고 기회를 잘 활용한다. 입학사정관제 나 수시로 진학을 권유한다.

▣ 복습을 하더라도 열린 공간에 대중이 많은 장소에서 공부를 하면 경쟁심과 동질심이 발달하게 되어 목적을 실현하는데 유리하다.

▣ 지속적으로 앉아 있기 보다는 계획표를 만들어 스케줄을 활용하면 학습효과가 더 증가한다.

▣ 음악을 들으며 공부를 하거나 운동을 하며 책을 보거나 돌아다니 며 공부를 하는 것도 적합하다.

❖ 둘째 대운이 월간이나 일간과 합이 되면 생각이 바뀐다. 합이 되어 변한 오행이 식상이나 인성이 되면 유리하고 재성이 되면 계열변동이 많게 되거나 목적을 실현하는데 어려움이 따른다.

❖ 둘째 대운지지가 상승을 하여도 비견이 합을 하여 변하게 되면 그 기질이 나타나게 된다. 학생들은 성적을 향상시켜 자신이 추

구하는 학교나 학과를 들어가길 희망하지만 마음대로 되지 않는 이유도 합이 되어 변한 오행이 일간에게 도움이 되는가 안 되는가를 반드시 살펴봐야 한다.

❖ 합의 개념은 좋을 수도 있고 오히려 나빠질 수도 있기 때문에 상담을 하는데 어려움이 따르게 된다.

❖ 월간과의 합은 사회활동이나 외부에서 발생하는 상황을 말하며, 일간과 합의 개념은 나의 생각이나 판단에서 비롯된다.

❖ 신약한 구조가 대운에서 비견운을 만나면 좋게 작용되어야 용신이 존재하게 된다. 그런데 비견이 합이 되어 변한 십성이 재성이나 관성이 되면 내가 힘들고 지치게 되고 인성이나 식상이 되면 좋은 작용을 한다는 게 진학에서 유의미한 관계성을 가지고 있었다.

2 에너지가 하락할 때

■ 정보력 · 활동력 · 의욕이 감소하게 된다.

■ 인간관계에서 마음의 문을 닫거나 만나는 것을 싫어한다.

■ 자기만의 시간이나 폐쇄적인 공간 또는 혼자 있는 것을 원한다.

■ 친구관계나 인간관계가 원만하지 않고 따돌림을 받거나 소외된다

고 판단한다.

■의욕이 감소하고 친구간의 정보나 도움을 받기가 어렵고 학업에 관심을 갖지 않게 된다.

■공부에 집중력이 떨어지고 흥미를 느끼기 어렵다.

■공부가 잘 되는 시간을 활용하거나 한 단계 낮추어 대학을 진학하는 게 유리하다.

■자신이 계획하는 계열이나 학과에 진학하는데 어려움이 많이 따르게 되니 대학보다 내가 원하는 학과를 먼저 파악하고 성적에 맞는 대학을 선택해야 한다.

❖신약구조라 하더라도 에너지가 상승을 하면 의욕이 상승하고 행동, 실천하려는 기질이 강하게 작용하여 목적을 실현한다.

❖신약구조에 에너지가 하락을 하면 중도에 포기하거나 내가 지향하는 학과를 선택하기가 어렵고 정규대학보다는 전문대나 재능대로 진학을 많이 한다.

❖에너지가 하락을 할 때는 자신의 마음을 견고하게 다지고 자신이 계획하는 학과에 진학하도록 행동, 실천을 하는 게 가장 현명하다.

❖대운의 에너지가 떨어지면 마음으로부터 나약해지고 실천하면서도 포기하려는 마음이 강하게 작용을 한다.

7
둘째 대운 천간이 합이 될 때

일간	월간		대운	첫째	둘째
甲	己		천간		甲
					일간과는 비견 월간과 合 戊土 에너지 하락

❶ 일간과 대운의 관계는 비견이다.

❷ 월간과 대운은 己甲合 戊土이다.

❸ 일간 甲과 월간이 변한 오행이 戊의 관계는 편재에 해당한다.

❹ 월간은 사회활동, 외부에서 나타나는 현상을 의미하므로 학교생활
이나 사회생활에서 財로 변화가 되므로 공부보다는 여자나 재물에
더 관심과 호기심을 자극한다.

❺ 겉으로는 힘을 얻어 좋을 것이라 판단하지만 드러난 정신세계는 공
부에 관심을 갖지 않게 되고 인간관계나 친구들을 만나면 내가 돈
을 써야 하는 시기와 같다.

❻ 에너지가 하락을 하니 지출이 많아지게 되고 성적이 오르지 않게 되어 자신이 원하는 분야로 진학을 하기가 어렵거나 진학을 포기하고 직업을 선택하거나 조숙한 경우는 동거로 이어지게 된다.

일간 또는 월간이 변한 오행이 식상이나 인성이 되면 대학을 진학하는데 유리한 것으로 나타났고, 재성이나 관성이면 지체되거나 어려움이 많이 따랐다. 여기에 에너지가 상승을 하는 경우는 작용력이 그나마 감소하였지만 에너지가 내려가고 신약구조인 경우는 작용력이 강하게 다가왔다.

그만큼 진로나 진학을 선택하는 데에도 에너지의 상승여부와 변한 오행이 일간에게 미치는 영향에 따라 학교선택이나 학과를 선택하는데 변동이 많다는 것을 알 수 있었다.

8
둘째 대운 천간, 지지가 식신, 상관일 때

▌ 에너지가 상승을 할 때

원국을 기준하여 신강구조인가 신약구조인가를 판단해야 상담을 하기가 쉽다.

- ■ 식상은 친화성·준비력·계획력·기획성·배려·나눔을 가지는 작용을 한다.
- ■ 식상은 미래준비를 하는 과정이다. 청소년기에 해당하니 자신의 미래에 대하여 계획하고 준비하는 과정이며, 첫 관문인 진로를 결

정하는 시기이다.

■식신은 지속적이거나 꾸준함을 바탕으로 결과를 창출하려는 기질이 강하다.

■상관은 생각, 정신세계, 추측, 공상 등이 뛰어나고 화술, 임기응변력이 발달한다.

■복습을 하더라도 계획을 하여 실천하는 것이 바람직하며 공부를 잘하는 친구를 분석하여 친화성을 바탕으로 정보를 공유하려고 한다.

■상대를 배려하며 분위기를 만들어 감동을 주려는 노력을 기울이는 것이 식상이다.

■미래에 대해 기획하고 준비하며 도전하려는 의지가 강하여 목적을 실현하게 된다.

❖신강구조인 경우는 경쟁력에서 우의를 다지게 되고 입학사정관제나 수시로 진학을 하려고 한다.

❖신약구조인 경우도 목적을 성취하게 되고 수시에서 기쁨이 따르지 않으면 정시에서 실현하게 된다.

❖공부 방식도 자신이 계획한 과정대로 서두르지 말고 준비하면 좋은 결과가 나타난다.

❖식상은 한밤중형에 해당하여 밤 11시부터 새벽 1시까지가 집중력이 발달하게 되니 시간활용을 잘 하도록 한다.

대운	천간	❶	❷ 둘째 대운
	지지		식상
	에너지		↓

❷ 에너지가 하락을 할 때

원국을 기준하여 신강구조인가 신약구조인가를 판단해야 상담을 하기가 쉽다.

❖ 신강구조는 경쟁력에서 지치고 힘이 든다. 노력을 더 많이 요구한다. 가능하면 수시로 진학을 권장한다.

❖ 신약구조인 경우는 시행착오나 지체되는 경우가 많고 계열변동이 많게 된다.

❖ 공부 방식도 여러 가지를 잘 하기보다는 자신이 가장 자신 있는 과목부터 서두르지 말고 준비하면 좋은 결과가 나타난다.

❖ 식상은 한밤중형에 해당하여 밤 11시부터 새벽 1시까지가 집중력이 발달하게 되니 시간활용을 잘 하도록 한다.

에너지가 감소하지만 두 배로 노력한다는 마음과 각오를 가지면 목적을 달성할 수 있다.

9
둘째 대운 천간, 지지가 재성일 때

재성은 남자에게는 실현의 욕구가 강하게 작용하고 기회를 잘 포착하려는 기질이 강하다. 남학생은 재성이 이성과도 맞물려 있기 때문에 신경을 많이 써야 할 것이다.

1 에너지가 상승을 할 때

원국을 기준하여 신강구조인가 신약구조인가를 판단해야 상담을 하기가 쉽다.

■ 재성은 평가지능과 설계지능이 발달되어 있다.

■ 재성은 목적 실현을 추구하는 과정이다. 청소년기에 해당하니 자신의 미래에 대하여 계획하고 준비하며 가치 판단력이 뛰어나게 된다.

■ 편재는 공간지능을 잘 활용하거나 결과를 중시하므로 경제적인 면을 먼저 추구하려는 성향이 강하다.

■ 정재는 실리성, 현실성, 가치성을 중시하며 꾸준하게 노력하는 유형이다.

■ 복습을 하더라도 계획을 하여 실천하는 것이 바람직하며 공부를 잘하는 친구를 분석하여 친화성을 바탕으로 정보를 공유하려고 한다.

■ 미래에 대해 기획하고 준비하며 도전하려는 의지가 강하여 목적을 실현하게 된다.

❖ 신강구조인 경우는 경쟁력에서 우의를 다지게 되고 입학사정관제나 수시로 진학을 하려고 한다.

❖ 신약구조인 경우도 에너지가 상승하면 목적을 성취하게 되고 수시에서 기쁨이 따르지 않으면 정시에서 실현하게 된다. 다만 沖이나 刑이 되거나 재성이 많은 경우는 난관이 많이 생긴다.

❖ 공부 방식은 수학이나 과학에 중점을 두고 공부를 하는 게 더 효과적이다.

❖ 재성은 새벽형에 해당하여 새벽 3시부터 5시까지가 집중력이 발달하게 되니 시간활용을 잘 하도록 한다.

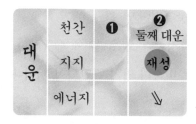

2 에너지가 하락 시

▣ 의욕이 감소되고 자신감이 결여되어 자포자기를 하고 공부보다 직
장이나 기술분야로 진출하려고 한다.

▣ 주로 이과성향이 더 많다.

▣ 에너지가 감소하지만 두 배로 노력한다는 마음과 각오를 가지면
목적을 달성할 수 있다.

❖ 신강구조는 경쟁력에서 지치고 힘이 든다. 노력을 더 많이 요구
한다. 가능하면 수시로 진학을 권장한다.

❖ 신약구조인 경우는 시행착오나 지체되는 경우가 많고 계열변동
이 많게 된다.

❖ 공부 방식도 여러 가지를 잘 하기보다는 자신이 가장 자신 있는
과목부터 서두르지 말고 준비하면 좋은 결과가 나타난다.

❖ 재성은 새벽형에 해당하여 03시부터 새벽 07시까지가 집중력
이 발달하게 되니 시간활용을 잘 하도록 한다.

10
둘째 대운 천간, 지지가 관성일 때

1 에너지가 상승을 할 때

원국을 기준하여 신강구조인가 신약구조인가를 판단해야 상담을 하기가 쉽다.

- ■ 에너지가 상승을 하게 되면 생각이 긍정적인 요인이 작용하게 되고 관성은 안정의 욕구가 강하게 작용하여 행동, 실천하려는 의지가 많아지게 되니 결과가 좋게 나타난다.
- ■ 에너지가 상승을 하더라도 관성이 원국에 너무 많으면 기질이 강

하게 나타난다.

▣ 관성은 실천하려는 책임감과 어려움을 극복하려는 기질이 강하여 학생은 목표가 결정되면 해 내려는 작용이 커진다.

▣ 성적이 향상되고 집중하는 시간도 길어진다.

▣ 공부를 하더라도 몰입이 잘 되게 되니 한밤중을 활용하는 것이 유리하다.

▣ 주로 에너지가 상승을 하면 입학사정관제나 수시로 진학을 많이 하게 되고 계열변동이 적어진다.

▣ 자신이 원하는 학교나 학과를 진학하는데 유리하다.

2 에너지가 하락할 때

▣ 의욕이 감소하게 되고 자신이 계획하는 목표를 수정하거나 의심하게 된다.

▣ 자신감이 줄어들게 되므로 복습이나 공부를 해도 성적이 크게 향상되지 않는 경우가 많다.

▣ 갑작스런 질병이나 권태, 우울증이 오기 쉽다.

▣ 노력을 하여도 이익실현이 적다.

■ 남보다 두 배로 노력을 하는 시기이다.

■ 관성은 책임감과 실천력이 강한별이다. 자신감이 떨어지고 의욕이 줄어들지만 인내심을 갖고 행동, 실천을 하면 그 결과가 있다.

■ 포기하는 경향이 많아지고 중도에 학업을 그만두는 경우도 발생한 다(특히 지지가 충, 형이 될 때 나타난다).

11

둘째 대운 천간, 지지가 인성일 때

1 에너지가 상승을 할 때

원국을 기준하여 신강구조인가 신약구조인가를 판단해야 상담을 하기가 쉽다.

> ■ 에너지가 상승을 하게 되면 수용하는 마음, 긍정적인 요인이 작용하게 되고 인성은 배움의 욕구가 강하게 작용하여 계획을 세워 공부를 하게 된다.
>
> ■ 에너지가 상승을 하더라도 인성이 원국에 너무 많으면 기질이 강

하게 작용하여 내가 원하는 대로 안 되면 재수를 하는 경향이 있다.

■ 인성은 배움이라는 갈망이 강하여 채우려는 본능이 지배적이다.

■ 성적이 향상되고 집중하는 시간도 길어진다.

■ 공부를 하더라도 몰입이 잘 되게 되니 한밤중을 활용하는 것이 유리하다.

■ 주로 에너지가 상승을 하면 입학사정관제나 수시로 진학을 많이 하게 되고 계열변동이 적어진다.

■ 자신이 원하는 학교나 학과를 진학하는데 유리하다.

2 에너지가 하락시

■ 공부 방식도 여러 가지를 잘 하기보다는 자신이 가장 자신 있는 과목부터 서두르지 말고 준비하면 좋은 결과가 나타난다.

■ 인성은 새벽에 일어나지 못하므로 집에 도착하면 2시간 복습하는 데 중점을 두는 게 유리하다.

■ 의욕이 감소되고 자신감이 결여되어 자포자기를 하고 공부보다 기술분야로 진출하려고 한다.

❖ 신약구조는 주변의 도움이나 윗사람의 혜택이 있게 된다. 한 단

계씩 밟아 올라가는 방법으로 공부를 해야 한다.

❖ 신강구조인 경우는 시행착오나 지체되는 경우가 많고 계열변동이 많게 된다.

❖ 신약구조에서는 인성이 귀인과 같은데 에너지가 하락하면 기대치만큼 혜택은 없다. 자신감과 용기, 격려가 필요한 시기이다.

PART 08

운로에 의한 행로

맹귀진학정보론

세운은 어떤 일에 대한 당면과제를 알기 위함이다. 현재 하고 있는 일이 잘 될 것인가, 정리를 해야 할 것인가, 돈을 벌겠는가, 직장생활자는 승진이나 변동문제, 건강은 어떠한가? 대부분 현재의 상황이 세운에서 어떻게 전개될 것인가를 가지고 궁금함을 알고자 방문한다.

　그러면 용신이 중요한가, 노력이 더 중요한가이다.
　지금까지 전해지고 있는 내용을 살펴보면 대부분 용신이 중요하다고 하였다. 그런데 용신을 취용하는 방법이 하나의 사주를 기준하여 학자나 술사들이 제각기 다른 견해를 가지고 있다. 그만큼 의견이 다를 수 있고 용신을 제대로 선정하였다 하더라도 사용하는 사람이 노력을 하지 않으면 용신이 중요한가를 되새겨 보게 된다.

　운은 오지 않는다. 다만 지나갈 뿐이라고 하였다. 여기서 말하는 운이란 무엇을 의미하는가? 하는 문제를 연구하고 판단할 필요성이 있었다. 신강사주는 식상운이나 재성운이나 관성운이 오면 발복을 하고, 인성운이나 비겁운에는 손 놓고 있어야 한다는 논리인가? 이다.

보다 구체적으로 살펴봐야 할 것이 바로 직업관이다. 직장인에게 재운이 오면 직장을 그만두고 사업을 할 것인가, 아니면 직장생활을 꾸준하게 할것인가?이다. 신강사주에 재운이 오면, 직장을 그만두고 사업을 하는 경우는 부득이한 경우를 빼놓고는 직장생활에 충실하길 바라며, 목돈이 들어오거나, 배우자가 활동을 하여 재산을 증가시킨다거나, 뜻하지 않은 유산이나 상속을 받거나, 횡재를 하는 경우를 제외하고는 갑작스런 변화를 주려고 하지 않는다.

이런 경우에 역학자는 직업을 물어보기 이전에, 먼저 용신운이 왔으니 큰 재물이 들어오거나, 사업을 하면 큰 이익이 있는 해라고 말할 수 있다.

1
연운에 나타난 운세

연운(年運)이란 해(태양)의 주기면 1년 동안의 시대적 운세를 뜻하기 때문에 내가 살면서 부딪치며 느끼고 감당하야 하는 나의 주변 환경인 것이다. 연운인 간지가 누구에게나 동일하게 들어온다고 해서 누구나 동일한 일이 일어나지는 않는다.

■ 연운이 비견성일 때
❖ 주인이 된다는 의미가 담겨 있고 독립의 기회가 생기는 해이다.
❖ 결혼하여 살림을 차리거나 자신이 장사를 시작하는 시기이다.

▣ 천중살과 겹치면 결혼이나 이직, 새로운 출발은 금한다
▣ 형제자매간 불화로 뒷마무리를 져야 하고 직장에서도 불협화음이 많아진다.

■ 운에서 충이나 형살에 해당이 되면 주로 흉한 작용이 나타나게 된다. 따라서 세운이나 대운에서 충, 형에 해당할 때는 주의 깊게 판단을 해야 한다.

■ 에너지 여부를 판단해야 한다. 세운 지지의 에너지가 상승, 하락을 먼저 살피고 전년도와 당해연도 그리고 익년도의 흐름과 변화를 알아야 한다. 즉, 일의 당면성에 대해 구체적으로 알려줄 수 있다.

② 연운이 겁재성일 때

❖ 대인관계에 변화가 오며 그 폭이 넓어지는 해이다.

❖ 직장인이면 인사이동, 승진, 자리이동이 생기게 되고 그런 일이 나타난다.

❖ 천중살에 해당되면 번거로운 일이 많거나 사소한 시비, 구설이 생기고 자기의 주장이 받아들여지지 않아 고민이 많다. 형제, 자매간 불화나 원망이 생기고 업무상 불화가 크다.

■ 운에서 충이나 형살에 해당이 되면 주로 흉한 작용이 나타나게 된다. 따라서 세운이나 대운에서 충, 형에 해당할 때는 주의 깊게 판단을 해야 한다.

③ 연운이 식신성일 때

❖ 여유가 있는 별로서 맡은 일이나 직업에 여유가 있고, 취미나 학습을 시작하는 해이다.

❖ 각종 자격을 취득하는 공부나 전문을 요하는 데 투자를 하거나 한다.

❖무용이나 꽃꽂이 자격증 취득을 하는 것도 여성에게 좋다.

■천중살에 해당하면 건강이 순조롭지 못하고 병이 올 수 있으니 건
  강관리가 필요하다.

■자녀의 건강에 질환이 찾아온다.

■운에서 충이나 형살에 해당이 되면 주로 흉한 작용이 나타나게 된
  다. 따라서 세운이나 대운에서 충, 형에 해당할 때는 주의 깊게 판
  단을 해야 한다.

4 연운이 상관성일 때

❖고독하거나 안정되지 못하여 안절부절 못하며 신경이 날카로워
  진다.

❖남과 시비나 다툼이 찾아오니 조심해야 한다.

❖정신적으로 변화를 추구하고 싶고 이동, 변화를 주고 싶어 하며
  가정보다 밖으로 출타가 많고 새로운 호기심이나 이성에 관심
  이 많다.

■천중살에 해당시 병이 오거나 수술할 일이 생긴다. 그렇지 않으면
  자식에게 병이 생긴다.

■운에서 충이나 형살에 해당이 되면 주로 흉한 작용이 나타나게 된
  다. 따라서 세운이나 대운에서 충, 형에 해당할 때는 주의 깊게 판
  단을 해야 한다.

5 연운이 편재성일 때

❖부동산이 움직이는 해이며 매매, 투자 등 출납이 활발해진다.

❖재물의 기쁨도 있고 남성은 이성이나 애인이 생기는 해이다.

■천중살에 해당시 증권이나 도박시 빈털터리가 되고 사업시 채무가 늘어나고 애인이나 부인으로 인해 고통이 수반된다.

■투기나 사업은 자제하고 직장인은 나오면 불리하다.

■운에서 충이나 형살에 해당이 되면 주로 흉한 작용이 나타나게 된다. 따라서 세운이나 대운에서 충, 형에 해당할 때는 주의 깊게 판단을 해야 한다.

6 연운이 정재성일 때

❖부동산의 움직임과 금전의 출입이 활발하다.

❖돈을 만지는 부서나 직장에서는 승진이 되고 저축의 기회가 오거나 뜻하지 않은 횡재나 돈이 들어온다.

❖결혼의 시기가 오기도 한다.

❖자기 일을 하면 이익이 있다.

■천중살에 해당시 재물에 손실이 있고 애첩, 이성운,부부간 불화나 이별이 생기고 결혼에 장해가 온다. 신규사업이나 돈을 빌려주면 불리하다.

■운에서 충이나 형살에 해당이 되면 주로 흉한 작용이 나타나게 된다. 따라서 세운이나 대운에서 충, 형에 해당할 때는 주의 깊게 판단을 해야 한다.

▼ 연운이 편관성일 때

❖ 몸이 분주하고 바쁜 시기이다. 그에 비해 실속은 적고, 헛수고 가 많다.

❖ 남과 시비나 불화가 있는 해이니 다툼을 조심해야 한다.

❖ 문서운이나 매매, 소송의 일이 생기기도 한다.

❖ 여성은 이성운이 오게 되고 기혼자는 애인이나 이성이 생기는 해이다.

❖ 남자는 문서운, 승진, 취직의 운이 있다.

❖ 여성은 이성문제가 생길 수 있고 남편과 갈등이 많다.

■ 천중살에 해당하면 고생만 하고 실속이 없는 해이다. 타인이 저지른 실수를 내가 문책을 받는 해이며 여성은 애인, 이성 등 남성과 불화가 생긴다.

■ 운에서 충이나 형살에 해당이 되면 주로 흉한 작용이 나타나게 된다. 따라서 세운이나 대운에서 충, 형에 해당할 때는 주의 깊게 판단을 해야 한다.

⑧ 연운이 정관성일 때

❖ 명예와 명성을 가질 수 있는 해이며 문서와 관련된 시기이다.

❖ 직장인은 인정을 받고 승진이나 시험에 유리하고 학생은 시험에 유리하다.

❖ 문서에 이익이 생기고 팔리지 않던 부동산은 정리가 된다.

❖ 미혼인 경우 혼사가 열리고 직업이 없는 경우 취직이 된다.

■천중살에 해당되면 직무상 타인의 실수로 나에게 불리한 일이 생기거나 명예가 손상되는 일이 생긴다. 배우자와 불화가 많은 해이다. 결혼이 이루어지면 불리하고, 살아갈수록 고생이 많아 보류하는 게 좋다.

■운에서 충이나 형살에 해당이 되면 주로 흉한 작용이 나타나게 된다. 따라서 세운이나 대운에서 충, 형에 해당할 때는 주의 깊게 판단을 해야 한다.

🎇 연운이 편인성일 때

❖생활양상이 바뀌는 시기이다.

❖이사, 변동, 이직, 해외여행, 독립을 하는 시기이다.

❖적극적으로 움직이고 활용하면 즐거움과 재물이 증가하는 해이다.

❖문서운이 있고 매매, 구입이나 자격증, 공부 등에 유리하다.

■천중살에 해당시 윗사람과 불화하거나 소송, 이혼, 부모의 병환으로 내가 힘들어지고 진학, 승진, 취직은 원하는 대로 이루어지지 않는다. 사소한 실수를 조심할 것.

■운에서 충이나 형살에 해당이 되면 주로 흉한 작용이 나타나게 된다. 따라서 세운이나 대운에서 충, 형에 해당할 때는 주의 깊게 판단을 해야 한다.

⑩ 연운이 정인성일 때

❖ 공부, 연구, 자격획득, 교육, 수련 등에서 적당한 해이다.

❖ 문서와 연관된 일이나 행정에서 능력을 인정받는다.

❖ 윗사람의 칭찬 격려가 있고 도움, 지원을 받는다.

❖ 결혼운이 있거나 문서운이 있다.

■ 천중살에 해당시 양친의 문제나 복잡한 일이 꼬이거나, 진학, 취직, 승진 등 시험에서 불리하며 실수가 반복된다.

■ 운에서 충이나 형살에 해당이 되면 주로 흉한 작용이 나타나게 된다. 따라서 세운이나 대운에서 충, 형에 해당할 때는 주의 깊게 판단을 해야 한다.

2
일간과 세운이 合이 될 때

1 甲일간이 세운 己를 만나면

세운과 합이 되어 戊土가 된다. 정재가 편재로 변화되는 것을 알 수 있다. 사업을 하는 경우는 유리하나 학생에게는 반가운 소식은 아니다.

- ■甲己合은 작용정지 : 현재 하던 일을 업종을 전환하거나 정리하거나 또는 확장을 시도하려고 한다. 현재의 상태에서 새로운 방향으로 시도하고 싶은 상태를 말한다.
- ■지지가 용신 운이거나 생조를 받으면 하는 일이 호전되지만 지지가 기신운이거나 충, 형이 되면 부득이 변화를 주게 되는 데 이익이

적게 된다.

(1) 신강구조인 경우

■ 재운이 오면 집중력이 약화되거나 학습능력이 약해질 수밖에 없다.

■ 남자는 이성운이 발달하게 되고 호기심이 많아지고 금전이 필요한 시기와 같다.

■ 변한 오행이 편재가 되면 기능이 더 강화되어 공부에 개념이 적어지게 된다.

■ 입학사정관제나 수시로 진학을 유도한다.

■ 수리력, 판단력, 기회포착이 빨라지게 되니 신속한 판단을 하는게 유리하다.

(2) 신약구조인 경우

■ 노력한 만큼 성적이 향상되기가 어렵다.

■ 내 힘을 더욱 설기하는 형국이므로 집중력이 저하되고 성적이 오르지 않아 고민이 많게 된다.

■ 목적을 실행하는데 노고, 지체가 많고 계열변동이 생기게 되거나 학교를 한 단계 낮추어 가는 경우가 많다.

■ 상황판단을 조기에 하고 입학사정관제나 수시로 진학을 하도록 권장한다. 정시에서는 불리하거나 내가 원하는 방향으로 진학하기가 힘들다.

② 己일간이 세운 甲을 만나면

•己甲合 戊土 : 경쟁력, 활동성 강화

己일간에서는 자기 세력이 강하게 작용하게 된다. 활동성과 부지런함, 인간관계는 좋아지나 그것이 경쟁관계가 될지 협력관계가 될지는 강약에 의하여 나타난다. 土는 움직이지 않기 때문에 작용정지와 같으나, 己일간에서는 새로운 도약에 해당한다.

(1) 신강구조인 경우

  ■ 정관이 합이 되어 겁재로 변하게 된다.

  ■ 경쟁력이 높아지고 자아가 강해지게 된다.

  ■ 자기 주도적으로 일을 하기도 하고 활동력도 왕성하게 되며 투자나 모험을 하기도 한다.

  ■ 인간관계의 폭이 넓어지고 외부 활동을 폭 넓게 하게 된다.

  ■ 친구관계를 통하여 정보를 활용하거나 부지런하게 움직여 자신이 나아가야 할 방향을 모색하려 한다.

  ■ 겉으로는 합리적이지만 속은 경쟁심리가 발동하여 목적하는 분야를 성취하려는 기질이 강하다.

  ■ 자신의 판단력에서 진학이 어렵다고 판단하면 직장생활로 전환한다.

(2) 신약구조인 경우

- 적극성이 점차 회복된다. 안정을 추구하려는 생각을 더 활동적으로 생각을 바꾼다.
- 친구로부터 도움을 받거나 지원을 받으니 자신감이 상승한다.
- 뜻하지 않게 좋은 결과가 나타나게 되고 성적이 향상된다.
- 진로선택은 정보를 많이 활용할수록 유리하다.
- 노력한 만큼 성적이 향상되게 된다.
- 에너지가 상승을 하면 목적 실현을 하는데 유리함이 많고, 에너지가 하락을 하면 지체되거나 신중하게 결정하려고 한다. 다소 지체되더라도 결과는 원만하다.

3 乙일간이 세운 庚을 만나면

乙庚合 庚金이 된다. 金으로 세력이 강화된다. 정관이 합을 하여 정관이 되니 안정의 욕구가 강하게 작용을 하게 된다. 반대로 庚일간이 乙을 만나면 합이 되니 庚金으로 변화가 된다. 金의 세력이 강하게 나타난다. 정재가 합을 하여 비견으로 변화가 되는 상태이다.

이처럼 일간에 따라 세운과 합이 되면 정신적으로 추구하는 방향이 변화가 된다는 것을 알 수 있다.

(1) 신강구조인 경우

■ 乙의 입장에서 세운에서 庚을 만나면 정관이라 안정을 추구하고 합리성을 가지려고 한다.

■ 변한 오행이 庚金(정관)으로 세력이 강화되니 모범적이고 합리성을 갖추고 성적을 향상시키려고 한다.

■ 관성은 암기력이나 이해능력이 발달하게 되니 영어나 인문계열에 적합한 학과가 성적이 향상되게 된다.

■ 이 시기에 여성은 이성에 대한 호기심이 발달하게 되므로 지지가 충, 형에 해당하면 성적이 오르지 않는다. 충, 형이 안 되면 목적을 실행하는데 유리하게 작용한다.

■ 자신이 계획하는 분야로 결정을 하고 해당하는 과목을 집중적으로 공부를 하면 유리하고 입학사정관제나 수시로 진학을 하면 유리하다.

■ 에너지가 상승을 하면 추구하는 일이 원활하게 이루어지고 에너지가 하락을 하면 계열변동이나 학과변동을 하게 된다.

(2) 신약구조인 경우

■ 乙은 세운에서 庚을 만나면 변한 오행이 金이므로 관성에 해당한다.

■ 갑작스런 일이나 뜻하지 않은 방향으로 수정할 일이 발생한다.

■ 노력을 많이 하더라도 집중력이 약화되고 성적도 만족스럽지 못하다.

■ 계열변동이 많거나 학과를 변경하여 진학을 하는 경우가 많게 되고 정시로 갈 경우 더욱 상황이 안 좋아진다.

■ 관성운이 오면 예습보다는 복습이 더 중요하고 그날 수업한 내용은 그날로 복습을 마쳐야 오래 기억하게 된다.

■ 지지가 충,형이 되면 불행하게 되고 때론 포기를 하는 경향이 많다.

■ 에너지가 상승하면 진학을 하는데 소기의 목적을 실현하게 된다.

■ 에너지가 하락을 하면 지체, 노고가 많고 애간장을 녹이게 된다. 의욕이 저하되고 신경이 예민해지기 때문에 주변과 불화가 발생할 수 있다. 특히 지지가 충, 형이 되면 불리함이 많다.

4 庚일간이 세운 乙을 만나면

庚일간이 세운에서 乙을 만나면 庚金으로 변한다. 일간의 입장에서는 자기세력이 강화된다. 일간 입장에서는 정재가 비견으로 변화가 되는 경우이다.

(1) 신강구조인 경우

■ 친구나 동료와의 관계를 돈독히 하려한다. 학생은 공부보다 의리나 인간관계를 중요시한다.

■ 성적에 대한 관심이 상대적으로 적어지게 되고 이성에 대한 호기심이나 관심이 많아지는 시기이다.

■ 학생은 오래도록 책상에 앉아 공부하기를 싫어하고 간섭이나 구

속을 싫어하게 되는 시기이다. 공부를 하더라도 자유로움 속에 자신이 좋아하는 과목을 고집하게 된다.

■지지가 충, 형이 되면 구속과 억압을 싫어하게 되니 미래를 생각하기보다는 현실에 더 만족하는 것을 원한다.

■학업을 중단하는 경우도 생기고, 동거를 하는 경우도 발생한다.

■자신이 구상하는 것을 변경하거나 낮춰서 진학을 해야 하는 일이 발생한다.

■특수한 학과나 사관학교를 선택하는 경우도 있다.

■에너지가 상승을 하면 목적을 실현하는데 유리하고 에너지가 하락시 자신이 추구하는 방향에서 수정할 일이 생긴다.

(2) 신약구조인 경우

■신약구조는 자신의 세력을 얻게 되니 전화위복의 경우와 같다.

■주위의 동료나 친구로부터 조언이나 협조를 받게 되고 도움이 따른다.

■이성이나 다른 잡념이 많은 경우는 생각을 전환하고 경쟁심을 불러일으킨다.

■소극적이고 나약하던 학생은 생각을 변화시키고 적극성을 갖고 목적을 실현하려고 집중한다.

■정시보다는 수시로 진학하여 목적을 실현시키는 경우가 유리하다.

■에너지가 상승하면 계획, 추진하는 일이 호전되고 성사가 잘 된다. 반대로 에너지가 하락하면 적은 일은 성사되나 정시로 진학을 하면 불리하다. 계열변동이나 한 단계 낮추어 진학을 해야 한다.

5 丙일간이 세운 辛을 만나면

丙일간이 세운에서 辛을 만나면 壬水로 변한다. 水는 유동적이고 자유롭게 흐르는 기질이 있어 인간에게는 새로운 창출을 추구하는 시기이다.

(1) 신강구조인 경우
- ■ 丙일간의 신강구조가 壬水로 변하니 새로운 전환이나 안정을 추구하려는 기질이 강하게 작용한다.
- ■ 자신을 돌아보고 행동 실천하며 결과를 만들려고 한다.
- ■ 학생은 금전적인 문제나 이성적인 문제에서 탈피하고 안정을 찾기 위하여 마음을 가다듬고 정진을 하게 된다.
- ■ 친구와의 관계나 학업에서 등한시 하였다면 새로운 집중력을 보이며 새로운 창출을 시도한다.
- ■ 열정과 패기를 다짐하며 행동하고 실천하려는 욕구가 강해지고 좋은 결과를 만들려고 한다.
- ■ 입학사정관제나 수시로 진학을 하게 되고 자신이 원하는 목표를 향하여 나아간다. 다만 서두르거나 조급하면 실수가 많아지므로 신중함이 필요하다.
- ■ 에너지가 상승을 하면 목적 실현이 조기에 되거나 원하는 방향으

로 나아가게 된다.

■ 에너지가 하락을 하고 충, 형이 되면 시행착오나 지체가 되게 된다.

(2) 신약구조인 경우

■ 辛일간이 세운 丙과 합이 되어 변한 오행이 壬水이다. 십성으로는 정관이 상관으로 변화되었다.

■ 일간에서는 힘이 설기되는 경우에 해당한다. 노력을 합리적으로 하더라도 결과는 만족하기 어렵다.

■ 여학생에게 불리하게 작용한다. 관성은 남자를 의미하기도 하지만 변한 오행이 상관이면 이성에 관하여 발달하고 아이와 관계되는 것이 상관이다.

■ 내가 뜻하는 방향으로 나아가는데 지체되거나 방해가 따른다.

■ 한 단계 낮추어 진학을 하거나 계열을 성적에 맞추어 진학을 하게 되는 경우가 많아 변동이 생긴다.

■ 진학을 포기하고 직장생활로 전환하는 경우도 여기에 해당한다. 신약구조에 에너지가 하락을 하면 목적을 이루기 어려워 쉬운 길을 찾으려고 한다.

■ 지지가 충, 형이 되고 에너지가 하락하면 중도 포기나 다른 방향으로 가게 된다.

6 辛일간이 세운 丙을 만나면

辛일간이 세운에서 丙을 만나도 새로운 창출을 생각하게 된다. 변한 오행이 壬水는 상관에 해당하므로 자유로움을 추구하고 싶어하고 억압이나 간섭을 싫어하므로 신경이 매우 예민해진다.

(1) 신강구조인 경우
- ■ 상관으로 변하니 표현력, 예지력, 정신적이 세계가 더욱 발달하게 되고 목적 실현이 잘 된다.
- ■ 입학사정관제나 수시로 진학을 하는 게 유리하고 예체능이나 아이와 관련된 학과와 이과에서 좋은 결과가 생긴다.
- ■ 계획, 추진, 창의성이 높아지게 되고 성적이 향상된다.
- ■ 상관은 표현력을 주관하게 되니 영어, 언어분야에서 성적이 향상된다.
- ■ 세운의 에너지가 상승을 하게 되면 성적이 향상되기도 하고 자신이 추구하는 학과나 대학을 진학하는데 유리하다.
- ■ 에너지가 상승을 하는데 지지가 충, 형이 되면 다소 지체되거나 어려움이 있지만 자신을 더욱 견고하게 한다.
- ■ 에너지가 하락을 하면 처음에는 시련이 오지만 결과는 원만하게 된다.

■ 에너지가 하락을 하고 충, 형이 되면 목적하는 일에서 지체가 되고 어려움이 따른다. 한 단계 낮추거나 계열변동이 따른다.

(2) 신약구조인 경우

■ 몸이 나약해지고 심신이 고달프게 느껴진다. 즉, 자신감이 많이 나약해지고 의욕이 감소한다.

■ 노력에 비하여 성적이 오르지 않거나 포기하는 경향이 많아진다.

■ 계열변동을 하게 되거나 내가 원하는 분야로 진학하기가 힘들다.

■ 신약구조이지만 에너지가 상승을 하면 다소 자신감을 갖거나 미래를 설계하며 한 단계씩 접근하려고 한다.

■ 상관은 한밤중에 학습효과가 많아지게 되므로 밤 10시에서 새벽 1시 이내에 복습을 마쳐야 한다.

■ 에너지가 감소하고 충, 형이 되면 진학을 포기하고 직장으로 전환하는 경우가 많다.

■ 때론 가출을 하거나 동거를 하는 경우가 생기는 해 이므로 끈기력과 지구력을 갖고 공부를 해야 한다.

■ 에너지가 상승을 하면 소기의 목적 실현이 이루어진다. 지지가 충, 형이 되면 변동수가 생기게 되어 원하는 방향으로 진학하기가 힘들다.

▣ 丁일간이 세운 壬을 만나면

●丁壬合 甲木 : 방향전환

丁火가 壬을 만나면 정관의 역할이 감소하고 甲으로 변하니 정인의 기질이 나타나게 된다.

(1) 신강구조인 경우

▣ 정관은 합리성과 준법정신이 강하고 치밀성을 갖고 있다.

▣ 신강구조에서 인성은 정신적인 부분은 높아지나 실천하는 데는 약해지기 때문에 나태하거나 미루는 습성이 생기는 해이다.

▣ 자신이 생각하는 방향대로 되지 않으면 재수를 하려고 한다. 학교를 선택하는 경우는 재수를 하게 되고, 학과를 더 중요하게 생각하는 경우는 진학을 한다.

▣ 자신이 노력한 결과가 생기게 되는 해이므로 입학사정관제나 수시로 진학을 권장한다.

▣ 에너지가 상승을 하면 목적이 잘 실현된다.

▣ 에너지가 하락을 하고 충, 형이 되면 노고가 따르고 지체되거나 수정할 일이 생긴다.

▣ 자신이 계획한 일은 실천하도록 권유한다. 미루는 습관이 나에게는 약점이 되는 해이다.

(2) 신약구조인 경우

■ 의외로 좋은 결과가 만들어가게 된다.

■ 논리성, 암기력이 높아지고 성적이 향상된다.

■ 인문학이나 논리에서 성적이 향상되게 된다.

■ 입학사정관제나 수시로 진학을 권유한다.

■ 에너지가 상승을 하면 자신이 원하는 분야로 진출하기가 쉽고 에너지가 하락을 하면 지체, 노고가 생긴다.

■ 신약구조에 충, 형이 오면 경쟁력에서 약하기 때문에 계열변동이 많거나 학과변동을 꼭 하게 된다.

■ 때론 학업을 중단하는 경우가 생기거나 외국으로 방향을 전환하기도 한다.

⑧ 壬일간이 세운 丁을 만나면

● 壬丁合 甲木 : 배려, 희생, 나눔, 발전, 방향전환

(1) 신강구조인 경우

■ 식신으로 변하니 기획력, 손재주, 창의성, 연구심이 발달하고 준비성이 좋아진다. 목적 실현이 잘 된다.

■ 입학사정관제나 수시로 진학을 하는 게 유리하고 예체능이나 아이와 관련된 학과와 이과에서 좋은 결과가 생긴다.

■ 계획, 추진, 창의성이 높아지게 되고 성적이 향상된다.

■ 식신은 미래를 준비하는 과정이고 나눔, 희생, 배려를 관장하니 친구관계에서 상대의 마음을 헤아리게 되고 비위를 맞추는 해이다.

■ 자신을 낮추고 친화성을 바탕으로 준비하고 계획하여 목적을 실현하게 된다.

■ 세운의 에너지가 상승을 하게 되면 성적이 향상되기도 하고 자신이 추구하는 학과나 대학을 진학하는데 유리하다.

■ 에너지가 상승을 하는데 지지가 충, 형이 되면 다소 지체되거나 어려움이 있지만 자신을 더욱 견고하게 한다.

■ 에너지가 하락하면 처음에 시련이 오지만 결과는 원만하게 된다.

■ 에너지가 하락을 하고 충, 형이 되면 목적하는 일에서 지체가 되고 어려움이 따른다. 한 단계 낮추거나 계열변동이 따른다.

■ 여성은 이 시기에 이성에 관심이 많아지게 되고 아이와 관련된 학과에 관심을 많이 갖게 된다.

(2) 신약구조인 경우

■ 힘들고 지치지만 꾸준함과 규칙적인 공부를 하면 대가가 따른다.

■ 계열변동을 하게 되거나 내가 원하는 분야로 진학하는데 지체가 된다.

■ 한단계 낮추어 가거나 계열을 변동하여 진학하는 경우가 많다.

■ 재가 변하여 식신이 되면 준비성이 많아지고 미래를 준비하려는 생각을 많이 하게 된다.

■ 신약구조이지만 에너지가 상승을 하면 다소 자신감을 갖거나 미

래를 설계하며 한단계씩 접근하려고 한다.

- 식, 상은 한밤중에 학습효과가 많아지게 되므로 밤 10시에서 새벽 1시 이내에 복습을 마쳐야 한다.

- 에너지가 감소하고 충,형이 되면 전문대나 재능대 또는 이과 분야로 진학하기가 쉽다.

⑨ 戊일간이 세운 癸를 만나면

● 戊癸合 丙火 : 이동, 변동

(1) 신강구조인 경우

- 변한 오행이 편인에 해당한다. 학생이 재운을 만나면 수완을 발휘하나 합이 되면 본연의 역할을 하기가 어렵다.

- 자신이 추구하는 일을 실현시키려는 의욕은 강하나 일을 미루거나 생각은 높으나 몸이 잘 받쳐주지 않는다.

- 잠이 많아지거나 느긋해지는 경향이 커진다.

- 수시로 진학을 하는 게 가장 효과적이고 정시로 진학을 하게 되면 자신이 원하는 방향으로 진학하기가 힘들다.

- 남자는 이성에 관심이 많아지고 성적이 오르기 힘들다.

- 꾸준하게 반복 학습이 필요하고 윗사람(담임, 상담교사)과 대화를 많이 나누고 목표를 결정하는데 도움이 된다.

■ 에너지가 상승을 하면 나름대로 계획을 세우고 시행하려 한다.

(2) 신약구조인 경우

■ 재성이 인성으로 변화가 되는 해이다. 재성의 역할은 감소하고 인성의 역할이 증가하게 된다.

■ 그간 성적이 오르지 않은 학생은 공부에 집중하게 되고 좋은 결과를 만들게 된다.

■ 논리성, 암기력이 높아지고 성적이 향상된다.

■ 윗사람의 조언이나 도움이 나에게는 기회이기도 한다.

■ 수시로 진학을 하는 게 유리하다.

■ 에너지가 상승을 하면 자신이 원하는 분야로 진출하기가 쉽고 에너지가 하락을 하면 지체, 노고가 생긴다.

■ 신약구조에 충, 형이 오면 경쟁력에서 약하기 때문에 계열변동이 많거나 학과변동을 꼭 하게 된다.

■ 때론 학업을 중단하는 경우가 생기거나 외국으로 방향을 전환하기도 한다.

10 癸일간이 세운 戊를 만나면

● 戊癸合 丙火 : 실현, 실리. 이동, 변동

(1) 신강구조인 경우

■ 관성이 변하여 재성이 되었다. 겉으로는 합리적이고 안정을 추구하고 싶은데 생각은 이성에 더 집착을 하게 된다.

■ 자연이나 과학분야에 더 흥미를 느끼고 성적이 오르게 된다. 반면에 문과분야는 노력한 만큼의 결과가 나오기 어렵다.

■ 순발력과 실천성을 갖고 새벽에 공부를 하면 성적이 오른다.

■ 수시로 진학을 하는 경우가 유리하고, 자신이 원하는 방향으로 소기의 목적은 이루어진다.

■ 지지가 충, 형이 되면 다소 불리하지만, 에너지가 상승을 하면 목적 실현이 빨리 이루어지므로 정시진학시 계열변동이 생긴다.

■ 지지가 충,형이 되고 에너지가 하락하면 경쟁력에서 약화되어 목적을 실현하는데 어려움이 많게 된다.

(2) 신약구조인 경우

■ 관성이 변하여 재성이 되면 신약구조는 공부보다 이성에 더 집착할 수 있다.

■ 계열변동을 하게 되거나 내가 원하는 분야로 진학하는데 지체가 된다.

■ 한 단계 낮추어 가거나 계열을 변동하여 진학하는 경우가 많다.

■ 아예 진학을 포기하거나 이성친구와 동거를 시작하기도 한다.

■ 신약구조이지만 에너지가 상승을 하면 다소 자신감을 갖거나 미래를 설계하며 한 단계씩 접근하려고 한다.

■ 재성은 새벽형으로 공부 방식에 변화를 주어 새벽 시간대를 적극

활용하도록 권장한다.

▣ 에너지가 감소하고 충, 형이 되면 전문대나 또는 분야로 진학하기
가 쉽다.

▣ 계열을 변동하여 전문대로 진학을 하거나 이과분야로 진출하는
경우가 많다.

맹꽁 진화정보론

PART 09

구성된 학과

맹귀 진화정보론

1

4년제 학과

계열	중계열	학 과
계열	인문계열	문화학과, 미디어창작학, 문헌정보학, 독일언어문화학, 독일어학, 고고학, 고고미술사학, 동양사학, 동양종교학, 동양철학, 러시아어학, 국민윤리학, 윤리문화학, 국사학, 기독교학, 대순종학, 목회학, 문예창작학, 문화인류학, 미국학, 미학, 민속학, 불교학, 사학, 선교학, 순결학, 신학, 아랍학, 영미지역학, 외식사업학, 유럽학, 일본어학, 종교철학, 중국어학, 철학, 프랑스학, 히브리학. 관광영어통역학과, 관광일어통역학, 관광통역학, 국어국문학, 네덜란드어학, 노어노문학, 독어독문학, 루마니어학, 말레이시어학, 인도네시어학, 몽골어학, 마얀마어학, 베트남어학, 불어불문학, 서반어학, 서어서문학, 선교언어학, 선교영어학, 스칸디나비어학, 스페인어학, 아랍어학, 아프리카어학, 언어학과, 영어영문학, 유고어학, 이란어학, 이태리어학, 인도어학, 일어일본학, 중앙아시아어학, 중어중문학, 체코어학, 태국어학, 터키어학, 통번역학, 포루투칼어학, 폴란드어학, 프랑스어학, 한문학, 헝가리어학

계열	중계열	학 과
계 열	사회 계열	경영학 〉 경영학, 국제경제학, 마케팅학과, 경영정보학과, 응용경영학과, 경제학과 관광학 〉 관광경영학과, 호텔경영학과, 항공서비스과 광고홍보학과, 광고학과, 관광개발학, 관광학, 관광정보학, 호텔경영학, 호텔식당경영학, 호텔관광경영학, 금융, 회계, 세무 〉 금융보험학, 세무회계학, 세무학, 세무회계정보학, 회계정보학, 회계학, 재무학, 보험금융학, 무역, 유통 〉 무역학, 유통관리학, 유통정보학, 법학 〉 법학과, 공법학, 국제법무학, 법률학, 법학, 사법학, 지적재산권 가족, 사회, 복지 〉 노인복지학, 보육학, 사회복지학, 산업복지학 아동, 청소년학, 국제학 〉 국제관계학, 국제회의산업학, 국제경영학, 국제관광학, 국제무역학, 국제통상학, 외교학, 정치외교학 도시, 지역학 〉 도시 및 지역계획학, 지역사회개발학, 지적학, 언론, 방송, 매체학 〉 매스컴학, 방송산업학, 방송통신학, 정보방송학, 신문방송학, 언론학, 행정학 〉 행정학과, 경찰행정학, 도시행정학, 보건의료행정학, 세무행정학, 비서행정학, 비서정보학, 비서학, 자치행정, 사회학 〉 교정학, 문헌정보학, 문화재관리학, 문화재학, 부동산학, 북한학, 산업심리학, 사회산업학, 사회학, 심리학, 이벤트학, 산업정보학, 인류학, 정보관리학, 지리학, 지질학, 풍수지리학, 디지털경제학, 병원경영학, 문화재보존학, 사이버해킹보안과

계열	중계열	학 과
		기업경영학, 병원경영관리학, 농업경제학, 러시아지역통상학, 디지털경제학, 산업경영학, 산업경제학, 생명자원경제학, 소비자경제학, 수산경영학, 중국통상학, 중소기업학, 지식경영학, 축산경영학, 정책학, 정치학,
인문계열	교육계열	교육학 〉교육학과, 교육공학과, 교육심리학과 유아교육과 〉유아교육학과, 보육학과, 유아특수교육학 초등교육 〉초등교육학, 특수교육 〉초등특수교육학, 중등특수교육학, 치료특수교육학, 특수교육학, 언어교육 〉국어교육학, 독어교육학, 불어교육학, 영어교육학, 일어교육학, 한국어교육학, 한문교육학, 농업교육학, 농산업교육학, 보건교육학, 컴퓨터교육학, 환경교육학, 교리교육학, 국민윤리교육학, 기독교교육학, 문헌정보교육학, 사회교육학, 상업교육학, 역사교육학, 윤리교육학, 종교교육학, 사회교육 〉사회교육학, 일반사회교육학, 지리교육학, 공학교육 〉기술교육학, 건축공학교육학, 금속공학교육학, 기계공학교육학, 전기공학학교육학, 전자공학교육학, 토목공학교육학, 화학공학교육학, 기관공학교육학, 냉동공학교육학, 식품공학교육학, 양식공학교육학, 어업공학교육학, 상업정보교육학 자연교육 〉가정교육학, 과학교육학, 물리교육학, 생물교육학, 수학교육학, 지구과학교육학, 화학교육학, 예체능교육 〉미술교육학, 음악교육학, 응용미술교육학, 특수체육교육학, 체육교육학, 선교체육교육학,

계열	중계열	학 과
계 열	자연 (이학) 계열	수학 〉 수학과 통계학 〉 통계학 물리, 과학 〉 과학과, 물리학 천문, 기상 〉 대기과학, 우주학 지구학 〉 지구환경학, 지질학 생명과학 〉 유전공학, 환경과학, 국제출산개발학, 생명과학 생물학 〉 농생물학, 미생물학, 생물과학 동물, 수의학 〉 동물과학, 축산가공학, 축산학 자원학 〉 식량자원학, 식물자원학, 영양자원학, 한약자원학 동물영양자원학, 동물자원학, 자원식천연섬유학 화학 〉 공업화학, 화학, 농화학, 생화학 환경공학 〉 임산공학, 제지공학, 신소재학 농업학 〉 낙농학, 농공학, 농업기계공학, 농업토목공학, 농학 수산학 〉 수산가공학과, 기관공학, 냉동공학, 선박공학, 선박기 계공학, 수산가공학, 수산생명의학, 양식학, 조선공학, 조선해 양공학, 해양공학, 해양생물공학, 해양생산학, 해양자원학, 해양토목공학, 해양환경공학 산림, 원예 〉 문화재보존학, 관상원예학, 동산림과학, 산림자원 학, 원예학, 원예육종학, 화훼원예학, 환경원예학, 임학과 가정관리 〉 아동가족학과, 소비자거주학과, 가정관리학, 가정 복지학, 가정학, 가족복지학, 주거환경학, 불교아동학, 생활과 학, 소비자아동학, 아동가족학, 아동복지학, 아동학 식품 〉 식품영양학, 식품공학, 식품과학, 식품생물공학, 연초

계열	중계열	학 과
계 열		학, 식품조리, 제과제빵, 차학과, 영양학, 조리과학 의류, 의상 〉 의류직물학, 의류학, 의상학, 의생활학, 주얼리디 자인학과, 컴퓨터 〉 게임학, 웹정보학, 정보및전산화학, 컴퓨터디자인학, 디지털매체출판학
	공학 계열	건축 〉 건축공학, 건축디자인학, 건축설계학, 건축설비학 조경 〉 조경학과 토목 〉 지리정보공학, 측지공학, 토목공학, 토목환경공학 도시, 교통 〉 교통공학, 도시계획공학, 도시공학 기계 〉 기계공학, 기계설계학, 메카트로닉스공학, 동력기계공 학, 정밀기계공학, 제어계측공학 전기, 전자 〉 전기전자공학, 전기공학, 전기제어공학, 전자공학 광학, 에너지 〉 광학공학, 에너지공학, 열공학, 원자력공학, 원 자핵공학, 사진공학, 사진정보공학 소재, 재료 〉 고분자공학, 구조시스템공학, 금속공학, 금속재료 학, 금형설계학, 기계재료학, 냉동공조, 재료금속공학, 재료공 학, 전자재료공학, 무기재료공학 컴퓨터, 정보통신 〉 멀티미디어공학, 정보공학, 정보시스템공 학, 정보전산학, 정보전자학, 정보처리학, 정보통신학, 컴퓨터공 학, 컴퓨터네트워크학, 컴퓨터시스템학, 컴퓨터응용학, 통신학, 전파공학, 인터넷정보학 산업 〉 산업공학, 매체공학, 물류시스템공학, 미생물공학, 반도 체공학, 보석공학, 산업공학, 산업안전공학, 생물공학, 섬유공

계열	중계열	학 과
계 열		학, 세라믹공학, 실내건축학, 안전공학, 인공지능학, 인쇄공학, 자동화공학, 자연환경공학, 환경공학, 식품가공, 재활공학 화학 〉 물질화학공학, 화학공학, 염색공학. 항공, 우주, 해양 〉 항공교통학, 항공기계공학, 항공우주공학, 항공운항학, 항공재료공학, 항공운항학, 항공재료공학
	의학 계열	의학 〉 의학과, 의예과, 보건학과, 수의학 치의학 〉 치의학, 치의예과 한의학 〉 한의학, 한의예과 간호학 〉 간호학과 약학 〉 약학과, 제약학과, 한약학과 보건학 〉 보건학과, 환경보건학 재활 〉 재활학과, 물리치료학과, 작업치료학과, 언어치료학 공학, 장비 〉 의료공학과, 치기공과, 의공학 치위생 〉 치위생과 임상병리 〉 임상병리학과 방사선 〉 방사선학과 응급구조학 〉 응급구조과, 의료경영학
		디자인 〉 산업디자인학, 시각디자인학, 시각디자인정보학, 공업디자인학, 패션디자인학, 환경디자인학, 공업디자인학, 가구디자인학, 공예디자인학, 광고디자인학, 멀티미디어디자인학, 섬유디자인학, 실내디자인학, 영상디자인학, 요업디자인학, 장신구디자인학, 의상디자인학, 정보디자인학, 컴퓨터디자인학, 컴퓨터디자인그래픽학

계열	중계열	학 과
계 열	미술 계열	공예 〉 공예학, 도자기공예학, 도예학, 사진학, 산업공예학, 섬유공예학 사진, 만화 〉 만화영화학, 만화예술학, 만화학, 애니메이션학, 사진영상학 연극, 영상, 영화 〉 영상미술학, 미술 〉 회화학, 동양학, 미술학, 산업미술학, 응용회화학, 기타 〉 환경조경학, 서양화학, 서예학, 섬유예술학, 예술학, 전통의상학, 조소학, 조형학, 커뮤니케이션디자인학, 컴퓨터그래픽학, 판화학, 환경조각학
	연극 음악 계열	무대디자인학, 방송연예학, 연극영화학, 연극학, 영상예술학, 영상정보처리학, 영화학, 관연악학, 교회음악학, 국악학, 기아학, 성악, 실용음악학, 영상음악학, 음악학, 작곡학, 피아노학, 한국음악학. 모던음악학, 공연영상학
	체육 계열	체육학, 태권도학, 유도학, 사회체육학, 생활체육학, 특수체육학, 바둑학, 무도학, 스포츠경영학, 레저스포츠학, 관광레저스포츠학, 골프학, 경호학, 경기지도학, 건강관리학, 동양무예학, 모터스포츠학, 스포츠건강관리학

2
전문대 학과

계열	중계열	학 과
인 문	사회 계열	경제학, 관광정보학, 생명자원경제학, 세무학, 세무회계정보학, 세무회계학, 소비자경제학, 수산경영학, 유통관리학, 유통정보학, 재무학, 중국통상학, 중소기업학, 지식경영학, 축산경영학, 호텔경영학, 호텔식당경영학, 호텔관광경영학, 회계정보학, 회계학, 경찰행정학, 공법학, 국제법무학, 도시행정학, 법률학, 법학, 보건의료행정학, 비서행정학, 사법학, 세무행정학, 외교학, 자치행정, 정책학, 정치외교학, 정치학, 행정학, 지적재산권법학, 교정학
	교육 계열	기술교육학, 건축공학교육학, 금속공학교육학, 기계공학교육학, 전자공학교육학, 토목공학교육학, 화학공학교육학, 교육심리학, 교육공학, 교육학과, 유아교육학, 유아특수교육학, 중등특수교육학, 초등교육학, 치료특수교육학, 특수교육학, 기관공학교육학, 냉동공학교육학, 식품공학교육학, 양식공학교육학, 어업공학교육학, 국어교육학, 독어교육학, 불어교육학, 영어교육학, 일어교육학, 한국어교육학, 한문교육학, 과학교육학, 농업교육학, 농산업교육학, 물리교육학, 보건교육학, 생물교육학,

계열	중계열	학 과
		수학교육학, 지구과학교육학, 컴퓨터교육학, 화학교육학, 환경교육학, 가정교육학, 교리교육학, 국민윤리교육학, 기독교교육학, 문헌정보교육학, 사회교육학, 상업교육학, 상업정보교육학, 역사교육학, 윤리교육학, 일반사회교육학, 종교교육학, 지리교육학, 미술교육학, 선교체육교육학, 음악교육학, 응용미술교육학, 특수체육교육학, 체육교육학
자연	(자연)계열	관광농업과, 녹지조경과, 농업경영과, 동물지원과, 생물배양과, 애완동물과, 원예과, 조경과, 축산전공과, 해양산업과, 해양생물자원개발과, 해양식품산업과, 해양자원환경전공, 화훼원예과, 약용자원원예개발과, 동력시스템과, 관광생명자원과, 뷰티디자인과, 다이어트건강관리과, 국제호텔쿠킹과, 건강미용학과, 가정과, 가족복지과, 관광외식조리과, 관광호텔조리과, 김치식품과학과, 바이오생명정보과, 바이오식품과, 생활과학과, 식생활학과, 식음료조리과, 식품영양학과, 아동영어보육과, 아동예술교육가, 아동컴퓨터교육과, 여성교양과, 외식산업과, 의상과, 전통복디자인과, 제과데코레이션학과, 조리전공, 패션디자인과, 패션액세서리디자인과, 푸드스타일리스트과, 호텔외식산업과, 호텔조리제빵과, 다이어트정보과, 보건복지행정과, 보건식품가공과, 보건행정과, 뷰티디자인과, 생활보육과, 안경광학과, 의무행정과, 자연요법과, 장례지도과, 피부미용과, 헬스매니지먼트과, 환경관리과, 의료코디과, 화장품과학과, 건강관리과

계열	중계열	학 과
자 연	공학 계열	컴퓨터응용과, 컴퓨터응용설계과, 컴퓨터정보과, 인터넷보안과, 인터넷상거래과, 전산정보처리과, 전자계산과, 전자통신과, 제어계측과, 이동통신과, 인터넷방송과, IT기술정보과, 웹디자인과, 웹마스터과, 웹컨텐츠개발과, 웹프로그래밍과, 행정전산과, 뉴미디어과, 마이콤응용전공, 마이크로로봇전공, 반도체전공, 방송이벤트설비전공, 방송제작기술과, 사무자동화과, 산업경영과, 산업공학과, 산업디자인과, 산업안전과, 생명과학과, 선박해양시스템과, 선박해양정보과, 설비디자인과, 디지털모터과 화장품과학과, 화학공업과, 환경공업과, 팬시디자인과, 포장시스템과, 표면처리과, 플랜트설계과, 한약자원개발과, 화상인쇄과, 음향과, 의료정보시스템과, 항공경영과, 항공기계과, 항공서비스과, 항만경영과, 영상정보과, 완구디자인전공, 도자기디자인과, 섬유과, 소방안전관리과, 시각정보디자인과, 시계정보기계설계전공, 식품가공과, 식품공업과, 식품과학과, 신소재계열공정학과, 실내건축과, 제철산업과, 신재생에너지과 건물관리과, 건축과, 건축디자인과, 건축설계과, 건축설비과, 공업디자인과, 공업화학과, 국방특수기술과, 귀금속디자인가공과, 금속과, 금속재료과, 금형설계과, 기계과, 기계설계과, 기계자동차과, 냉난방공조제어과 건축공학, 건축디자인학, 건축설계학, 건축설비학, 고분자공학, 광학공학, 교통공학, 구조시스템공학, 금속공학, 금속재료학, 금형설계학, 기계공학, 기술설계학, 기계재료학, 냉동공조공학,

계열	중계열	학 과
자		도시공학, 동력기계공학, 매체공학, 멀티미디어공학, 메카트로닉스공학, 무기재료공학
	(의학) 간호 보건 계열	간호학 〉 간호과 보건학 〉 노인보건복지과 재활 〉 작업치료과 공학, 장비 〉의료공학과 치위생 〉 보건위생과, 치기공과, 치위생과, 환경위생과 방사선 〉 방사선과 응급구조학 〉 응급구조과 물리치료과 〉 물리치료과 임상병리과 〉 임상병리과
연	미술 계열	디자인 〉 제품디자인학과, 출판디자인과, 컴퓨터그래픽디자인과, 크래프트디자인과, 헤어디자인과, 화훼디자인과, 생활용품디자인과, 신소재디자인과, 시각디자인과, 실내디자인과, 생활장식디자인과, 보석디자인과, 세라믹디자인과, 공예디자인과, 금속공예디자인과, 가구디자인과, 프로랄디자인과, 디자인마케팅학과 공예 〉 산업공예과, 실용미술과, 응용미술과, 아동미술과, 도자기공예과 사진, 만화 〉 만화예술과, 애니메이션과, 사진과, 사진영상과 관광문화재전공 〉 미술 〉 조형미술학과, 플라워아트과

계열	중계열	학 과
계 열	미술 계열	창작 〉 문예창작과, 일러스트레이션학과, 코디메이크업과, 응용회화과, 이벤트연출과, 모델과, 미용예술과, 모델이벤트과, 뷰티코디네이션과, 광고기획과, 디지털아트과, 매직엔터테이먼트과, 마사과, 동물조련이벤트과, 인형캐릭터창작전공, 레이싱모델전공
	음악 예능	연극, 영상, 영화 〉 미디어편집전공, 방송극작가, 방송연예과, 방송영상과, 실용음악과, 연극과, 연극영상과, 연극영화과, 연예연기과, 연출전공, 영상디자인과, 영상음악과, 영화과, 극작과, 디지털영상미디어과, 요가과, 국악과, 문화전통규수과, 전통공연예술학
	체육 계열	체육과, 사회체육과, 생활스포츠과, 스포츠외교과, 경찰경호행정과, 골프지도과, 레저스포츠학과, 레크레이션과, 스포츠게임과

PART 10

분석의 결과

멩키 진화정보론

1
설문응답의 결과

　명문대에 해당하는 서울대 재학생을 대상으로 설문조사를 실시하였다. 조사방법은 계절학기가 한창인 7월초에 1일 조사를 실시하는 것으로 하였으며, 330명을 예상하였다. 설문지 배포를 오전 10시부터 시작하여 오후 6시에 마감을 하는 것으로 하였고 남, 여 대상을 구분하지 않았다.

1 설문조사를 실시하여 회수한 수량이 306명이고 다른 대학에 재학 중인 학생이 설문지를 제출한 것이 6명이어서 제외시켰고, 18명은 설문응답을 거부하였다.

2 설문응답을 한 학생 중 자신의 시(時)를 기록한 학생이 179명이었고, 시(時)를 기록하지 않은 학생이 127명에 해당하였다.

명리학에서는 태어난 시를 모르면 격국이나 용신을 선정하기 어렵다는 학설과 시를 모르면 운명을 판단하는데 노후에 대해 명쾌하게 답을 내리기가 어렵다고 하는 분들이 많았다. 과연 그럴 것인가이다.

시를 몰라도 명문대를 들어간 경우, 명리학에서는 어떻게 판단해야 할 것인가 하는 고민 속에 고법학의 대가인 귀곡자 선생의 이론을 저서한 『화천종장』의 삼명학을 통하여 내린 결론이 시를 몰라도 운명을 정확하게 예측할 수 있다고 언급되었다.

즉 생년, 월, 일과 지장간을 기준하여 운명을 판단한 이론서를 기준하여 적용하였다.

본 서적에서도 서울대생의 구조를 격국을 정하고 격국을 기준하여 계열과의 관계를 분석하는 것으로 하였다. 또한 일간을 기준하여 계열 관계에 대해서도 분석하여 자료로 올려놓는 것으로 하였다.

_時에 관한 분석_

시(時)를 기록한 학생			시(時)를 기록하지 않은 학생		
남	여	전체	남	여	전체
92명	87명	179명	74명	53명	127명
30.07 %	28.43 %	58.50 %	24.18 %	17.32 %	41.50 %

설문응답을 한 학생을 기준하여 태어난 시를 미기록한 경우가 306명 중 127명으로 41.50%에 해당하였다. 시를 모르면 운명을 판단하기

가 어렵다고 하였다. 그런데도 명문대를 들어간 것을 분석하려면 격국을 논하기도 어렵고, 미래에 대해 판단하기가 어렵다고 하였지만 응답자들은 시를 굳이 알아야 하냐고 반문한다.

그만큼 현시대를 살아가는 학생들의 인식이 사주팔자가 그리 중요한 것인가! 하나의 점으로 치부하고 있다는 것이 설문지를 받으면서 내내 느꼈던 대목이다.

일간과 격국

N : 306명

구분	격국										비고
	비견	겁재	식신	상관	편재	정재	편관	정관	편인	정인	
甲	2	3	3	3	9	3	0	4	4	2	
乙	1	2	2	7	3	8	3	8	1	1	
丙	4	1	5	1	2	1	1	4	4	6	
丁	1	1	0	7	2	5	3	2	0	3	
戊	9	6	4	1	1	2	2	1	1	3	
己	4	2	2	1	3	1	1	8	4	4	
庚	2	2	4	3	2	7	1	0	6	3	
辛	3	0	3	6	1	1	5	1	4	6	
壬	2	4	2	2	2	5	3	4	3	4	
癸	3	0	3	2	1	0	8	6	6	4	
	31	21	28	33	26	33	27	38	33	36	306

일간을 기준하여 격국을 분석한 결과 甲일간은 편재격이 많은 것으로 나타났다. 乙일간은 정재격과 정관격이 많았고, 丙일간은 정인격, 丁일간은 상관격, 戊일간은 비견격, 己일간은 정관격, 庚일간은 정재

격, 辛일간은 상관,정인격, 壬일간은 정재격, 癸일간은 편관격에 해당할 때 진학자가 많은 것으로 나타났다. 일간 중 정관격에 해당할 때 명문대에 진학한 비율이 높았고, 그 다음으로 정재, 정인격이었다.

본 표는 일간을 기준하여 격국을 분석한 것으로 명리입문자가 진학상담을 할 경우 필요할 것이라 판단하여 나열하였다. 『연해자평』에 의하여 사길신과 사흉신에 대한 언급이 있었는데 길성에 해당하는 정재, 정관, 정인에 해당하는 격국이 유리하게 작용하였다는 것을 표를 통하여 나타냈다.

일간과 진학연도

N : 306명

구분	십성(진학연도)										비고
	비견	겁재	식신	상관	편재	정재	편관	정관	편인	정인	
甲	4	0	4	0	8	3	5	3	5	1	
乙	2	0	1	2	3	5	4	11	1	7	
丙	4	1	4	5 20.83	1	3	5 20.0	2	1	3	
丁	1	3	4	2	5	0	0	6	2	1	
戊	2	4	3	5 20.83	5 17.24	1	1	2	3	5 16.67	
己	3	3	5	4	0	7	2	0	3	3	
庚	2	3	9	0	1	3	1	4	5	2	
辛	6	2	1	5	1	0	1	6	4	4	
壬	11	4	0	0	1	2	5	2	2	4	
癸	2	6	0	1	4	4	1	5	5	5	
계	37	26	31	24	29	28	25	41	30	35	306

※ 진한 칸은 진학율이 높은 것을 의미함

일간을 기준하여 대학을 진학한 연도를 분석하였다.

❖ 甲일간은 세운이 편재운일 때 높았다.
❖ 乙일간은 세운이 정관에 해당할 때 높았다.
❖ 丙일간은 세운이 상관일 때 높았다.
❖ 丁일간은 세운이 정관일 때 높았다.
❖ 戊일간은 세운이 상관일 때 높았다.
❖ 己일간은 세운이 정재일 때 높았다.
❖ 庚일간은 세운이 식신일 때 높았다.
❖ 辛일간은 세운이 비견일 때 높았다
❖ 壬일간은 세운이 비견일 때 높았다.
❖ 癸일간은 세운이 겁재일 때 높았다.

전체 일간을 기준하여 세운이 정관에 해당할 때 유리한 것으로 나타났다. 따라서 세부적으로 진학에 유리한 경우를 일간을 기준하여 나열하였다.

N : 306명

구분	빈도	일 간									
		甲 33	乙 36	丙 29	丁 24	戊 30	己 30	庚 30	辛 30	壬 31	癸 33
인문 38명	인원	6	5	3	2	5	3	2	1	6	5
	%(1)	18.18	13.89	10.34	8.33	16.67	10	6.67	3.33	19.35	15.55
	%(2)	15.79	13.16	7.89	5.26	13.16	7.89	5.26	2.63	15.79	13.16
사회 79명	인원	5	12	5	2	10	7	14	8	7	9
	%(1)	15.15	33.33	17.24	8.33	33.33	23.33	46.67	26.67	22.58	27.27
	%(2)	6.33	15.19	6.33	2.53	8.86	8.86	17.72	10.13	8.86	11.39
교육 24명	인원	3	2	3	2	3	1	5	2	1	2
	%(1)	9.09	5.56	10.34	8.33	10	3.33	16.67	6.67	3.23	6.06
	%(2)	12.5	8.33	12.5	8.33	12.5	4.17	20.83	8.33	4.17	8.33
자연 82명	인원	7	8	8	11	7	8	3	11	9	10
	%(1)	21.21	22.22	27.58	45.83	23.33	26.67	10	36.67	29.03	30.30
	%(2)	8.54	9.76	9.76	13.41	8.54	9.76	3.66	13.41	10.98	12.19
공학 65명	인원	10	7	7	6	3	7	5	8	6	6
	%(1)	30.30	19.44	24.14	25	10	23.33	16.67	26.67	19.35	18.18
	%(2)	15.38	10.77	10.77	9.23	4.62	10.77	7.69	12.30	9.23	9.23
의학 6명	인원	0	1	1	0	2	1	1	0	0	0
	%(1)		2.78	3.45		6.67	3.33	3.33			
	%(2)		16.67	16.67		33.33	16.67	16.67			
미술 9명	인원	2	1	2	0		1	0	0	2	1
	%(1)	6.06	2.78	6.89			3.33			6.45	3.03
	%(2)	22.22	11.11	22.22			11.11			22.22	11.11
음악 3명	인원	0	0	0	1	0	2	0	0	0	0
	%(1)				4.17		6.67				
	%(2)				33.33		66.67				
계		33	36	29	24	30	30	30	30	31	33

(1)은 일간별 기준 % (2)는 인문 기준 %

앞의 도표와 같이 일간을 기준하여 진학률이 높은 순서를 분석한 결과 다음과 같다.

재학생이 많이 몰려 있는 계열을 3개로 나뉘어 판단해 보았다.

가. 사회계열에 가장 진학률이 높은 일간은 庚일간으로 사회계열 진학자 79명 중 14명으로 17.72%로 나타났다.

나. 자연계열은 82명이 진학을 하였고 일간에서는 丁일간이 11명으로 13.41%로 많았다.

다. 공학계열은 65명 중 甲일간이 10명으로 15.38%로 나타났다.

위 3개의 계열 중 일간별로 재학생이 많은 분포도를 살펴보면,

❶ 甲일간은 공학계열이 높았다.

❷ 乙일간은 사회계열이 높았다

❸ 丙일간은 공학계열이 높았다.

❹ 丁일간은 자연계열이 높았다.

❺ 戊일간은 사회계열이 높았다.

❻ 己일간은 공학계열이 높았다.

❼ 庚일간은 사회계열이 높았다.

❽ 辛일간은 자연계열이 높았다.

❾ 壬일간은 자연계열이 높았다.

❿ 癸일간은 자연계열이 높았다.

재학생이 적은 6개 계열에 대해 일간별 분석한 결과는 다음과 같다.

가. 인문계열에는 壬일간이 높았다.

나. 교육계열에는 庚일간이 높았다.

다. 의학계열에는 戊일간이 높았다.

라. 미술계열에는 丙일간이 높았다.

마. 음악계열에는 己일간이 높았다.

격국 분석표

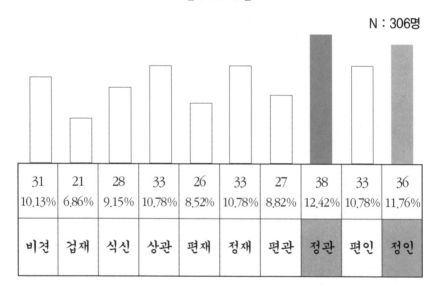

비견	겁재	식신	상관	편재	정재	편관	정관	편인	정인
31 10.13%	21 6.86%	28 9.15%	33 10.78%	26 8.52%	33 10.78%	27 8.82%	38 12.42%	33 10.78%	36 11.76%

N : 306명

대학을 진학한 학생 306명을 기준하여 격국을 분류하였다. 정관격에 해당하는 경우가 38명으로 가장 많았고 12.42%에 해당하였다. 그 다음으로 정인격에 해당하는 경우가 36명으로 11.76%에 해당하였다.

상대적으로 겁재격에 해당하는 경우가 21명으로 가장 낮았고 6.86%에 해당하였다. 격국은 인격 또는 내재되어 있는 성격에 해당한다. 격국을 분석하는 이유는 격국을 기준하여 계열별 분석을 하는데 목적을 두고 있다.

격국을 기준하여 어느 계열에 진학률이 높은가를 본 연구의 목적으로 두고 있다.

세운 분석표

N : 306명

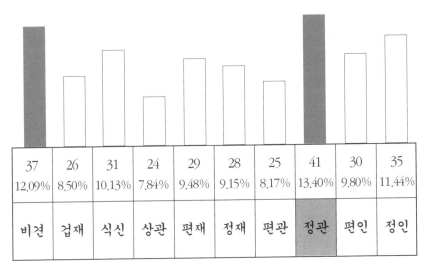

37 12.09%	26 8.50%	31 10.13%	24 7.84%	29 9.48%	28 9.15%	25 8.17%	41 13.40%	30 9.80%	35 11.44%
비견	겁재	식신	상관	편재	정재	편관	정관	편인	정인

진학연도 세운에 대해 살펴본 결과 합격이 발표된 연도가 정관운에 해당할 때 진학률이 높은 것으로 분석되었다.

전체 306명 중 정관운에 해당하는 인원이 41명으로 13.40%에 해당하였다. 앞으로 대학을 진학하는 경우 세운이 정관운에 해당할 때 유리한 것으로 나타났다.

가장 진학률이 낮은 십성은 상관운이 24명으로 7.84%로 나타났다.

N : 306명

구 분		문과			이과			예체능	
		인문	사회	교육	자연	공학	의학	미술	음악
남 166	명	11	42	7	52	49	2	1	2
	%	6.63	25.30	4.22	31.33	29.52	1.20	0.60	1.20
여 140	명	27	37	17	30	16	4	8	1
	%	19.29	26.43	12.14	21.43	11.43	2.86	5.71	0.71
	명	38	**79**	24	**82**	65	6	9	3
	%	12.42	25.82	7.84	26.80	21.24	1.96	2.94	0.98

설문조사자 306명을 기준하여 분석한 결과, 문과계열에서는 사회계열에 진학자가 79명으로 25.82%로 높았다. 이과에서는 자연계열의 진학자가 82명으로 26.80%에 해당하였다.

남녀를 기준하여 세부적으로 분석한 결과 남자는 사회계열과 공학계열에 진학률이 높게 나타났고, 여성은 사회계열과 자연계열에 진학자가 많은 것으로 나타났다.

  • 진학계열은 명리학의 격국을 기준하여 세부적으로 분석을 하려고 한다.

❖ 격국별 기준하여 계열별로 백분율(%)을 살펴본다.
❖ 각 계열별 백분율을 분석한 자료를 기준하여 십성중 가장 분포도가 높은 계열에 대해 살펴본다.
❖ 격국을 기준하여 인문계열에서 가장 유리한 계열에 대해 분석하고, 이과계열에서도 유리한 계열을 격국별 분석하도록 한다.

❖ 상대적으로 진학률은 낮은 인문, 교육, 의학, 미술, 음악계열에 대해서도 교차분석이나 빈도분석을 통하여 그 결과를 밝히고자 하였다.

격국과 계열과의 관계

N : 306명

구분		문과			이과			예체능		비고
		인문	사회	교육	자연	공학	의학	미술	음악	
비견	명	1	11	2	8	3	4	1	1	31
	%1	3.23	35.47	6.45	25.81	9.68	12.90	3.23	3.23	100
	%2	2.63	13.92	8.33	9.76	4.62	66.67	11.11	33.33	
겁재	명	3	5	1	8	3	0	1	0	21
	%1	14.29	23.81	4.76	38.09	14.29		4.76		100
	%2	7.89	6.33	4.17	9.76	4.62		11.11		
식신	명	4	7	2	5	7	0	2	1	28
	%1	14.29	25	7.14	17.86	25		7.14	3.57	100
	%2	10.53	8.86	8.33	6.09	10.77		22.22	33.33	
상관	명	3	11	3	6	9	0	1	0	33
	%1	9.09	33.33	9.09	18.18	27.28		3.03		100
	%2	7.89	13.92	12.5	7.32	13.85		11.11		
편재	명	6	1	4	6	9	0	0	0	26
	%1	23.08	3.84	15.38	23.08	34.62				100
	%2	15.79	1.27	16.67	7.32	13.85				
정재	명	4	8	3	8	10	0	0	0	33
	%1	12.12	24.24	9.09	24.24	30.31				100
	%2	10.53	10.13	12.5	9.76	15.38				
편관	명	2	8	1	8	6	0	2	0	27
	%1	7.41	29.63	3.70	29.63	22.22		7.41		100
	%2	5.26	10.13	4.17	9.76	9.23		22.22		
정관	명	8	7	3	10	7	0	2	1	38
	%1	21.05	18.42	7.90	26.32	18.42		5.26	2.63	100
	%2	21.05	8.86	12.5	12.19	10.77			33.33	
편인	명	3	10	3	9	7	1	0	0	33
	%1	9.09	30.31	9.09	27.27	21.21	3.03			100
	%2	7.89	12.66	12.5	10.97	10.77	16.67			
정인	명	4	11	2	14	4	1	0	0	36
	%1	11.11	30.56	5.56	38.88	11.11	2.78			100
	%2	10.53	13.92	8.33	17.07	6.15	16.67			
집계	명	38	79	24	82	65	6	9	3	306
	%	12.42	25.82	7.84	26.80	21.24	1.96	2.94	0.98	100

%1은 격국별 빈도, %2는 계열별 빈도

❖인문계열에서는 정관격이 가장 진학률이 높았다.

❖사회계열에서는 비견, 상관, 정인이 똑같이 11명으로 진학률이 높았다.

❖교육계열에서는 편재격이 진학률이 높았다.

❖자연계열에서는 정인격이 높은 진학률을 보였다.

❖공학계열에서는 정재격이 진학률이 가장 높았다.

❖의학계열에서는 비견격이 진학률이 높았다.

❖미술과 음악계열에서는 고루 진학률이 나타났다.

격국과 문과계열 진학관계

구분		문과			비고
		인문	사회	교육	
비견	명	1	11	2	14
	%1	7.14	78.57	14.29	100
	%2	2.63	13.92	8.33	문과계열 %
겁재	명	3	5	1	9
	%1	33.33	55.56	11.11	100
	%2	7.89	6.33	4.17	문과계열 %
식신	명	4	7	2	13
	%1	30.77	53.85	15.38	100
	%2	10.53	8.86	8.33	문과계열 %
상관	명	3	11	3	17
	%1	17.65	64.71	17.64	100
	%2	7.89	13.92	12.5	문과계열 %
편재	명	6	1	4	11
	%1	54.55	9.09	36.36	100
	%2	15.79	1.27	16.67	문과계열 %
정재	명	4	8	3	15
	%1	26.67	53.33	20	100
	%2	10.53	10.13	12.5	문과계열 %
편관	명	2	8	1	11
	%1	18.18	72.73	9.09	100
	%2	5.26	10.13	4.17	문과계열 %

정관	명	8	7	3	18
	%1	44.44	38.89	16.67	100
	%2	21.05	8.86	12.5	문과계열 %
편인	명	3	10	3	16
	%1	18.75	62.5	18.75	100
	%2	7.89	12.66	12.5	문과계열 %
정인	명	4	11	2	17
	%1	23.53	64.71	11.76	100
	%2	10.53	13.92	8.33	문과계열 %
집계	명	38	79	24	141
	%	26.95	56.03	17.02	100

%1은 격국별 빈도, %2는 계열별 빈도

❖ 인문계열에는 정관격과 편재격에 해당하는 경우가 진학률이 높게 나왔다.

❖ 사회계열에는 상관격과 정인격이 11명으로 64.71%를 나타냈다.

❖ 교육계열은 편재격과 정재격이 높게 나타났다.

주로 교육계열에 해당하는 경우가 정인격이라 판단을 하였는데 결과에서 나타나듯 편재격이 4명이고 정재격이 3명으로 재격에 해당하는 학생에 7명에 해당하는 것을 볼 수 있었다.

가. 비견격에 해당하면 문과에서는 사회계열에 적합하다.

나. 겁재격은 문과계열보다 이과계열이 유리하게 작용하였다.

다. 식신격도 문과계열보다는 이과계열에 더 유리하였다.

라. 상관격은 사회계열에 진학자가 많았다.

마. 편재격은 인문, 교육계열에서 다른 격국에 비하여 높았다.

바. 정재격은 교육계열에서 다소 높게 나타났다.

사. 편관격은 사회계열이 유리하였다.

아. 정관격은 인문계열에 진학률이 높았다.

자.편인격은 사회계열에 진학률이 많았다.

차.정인격은 사회계열이 높았다.

격국과 이과계열의 관계

구분		이과			비고
		자연	공학	의학	
비견	명	8	3	4	15
	%1	53.33	20	26.67	이과계열 기준
	%2	9.76	4.62	66.67	계열별 비율
겁재	명	8	3	0	11
	%1	72.73	27.27		100
	%2	9.76	4.62		
식신	명	5	7	0	12
	%1	41.67	58.33		100
	%2	6.09	10.77		
상관	명	6	9	0	15
	%1	40	60		100
	%2	7.32	13.85		
편재	명	6	9	0	15
	%1	40	60		100
	%2	7.32	13.85		
정재	명	8	10	0	18
	%1	44.44	55.56		100
	%2	9.76	15.38		
편관	명	8	6	0	14
	%1	57.14	42.86		100
	%2	9.76	9.23		
정관	명	10	7	0	17
	%1	58.82	41.18		100
	%2	12.19	10.77		
편인	명	9	7	1	17
	%1	52.94	41.18	5.88	100
	%2	10.97	10.77	16.67	
정인	명	14	4	1	19
	%1	73.68	21.06	5.26	100
	%2	17.07	6.15	16.67	
집계	명	82	65	6	153
	%	53.60	42.48	3.92	100

%1은 격국별 빈도, %2는 계열별 빈도

이과계열에는 어떤 격국이 진학률이 높았는가를 빈도분석을 통하여 밝혀보았다.

- ❖ 비견격은 의학계열이 상대적으로 다른 격국에 비하여 높게 나타났고 그 다음으로 자연계열이 유리하였다.
- ❖ 겁재격은 자연계열에 진학자가 많았다.
- ❖ 식신격은 공학계열이 많았다.
- ❖ 상관격은 이과계열보다 문과계열이 더 진학자가 많았다.
- ❖ 편재격은 공학계열에 진학자가 많았다.
- ❖ 정재격은 공학계열이 많았다.
- ❖ 편관격은 이과계열보다 문과계열에 진학률이 높았다.
- ❖ 정관격은 자연계열에 진학자가 높았다.
- ❖ 편인격은 문과계열에 진학률이 높았고 이과계열에서는 의학계열이 비중이 높았다.
- ❖ 정인격은 자연계열에 진학률이 많았다.

구분		예체능		비고
		미술	음악	
비견	명	1	1	2
	%1	50	50	
	%2	11.11	33.33	
겁재	명	1	0	1
	%1	100		
	%2	11.11		
식신	명	2	1	3
	%1	66.67	33.33	
	%2	22.22	33.33	
상관	명	1	0	1
	%1	100		
	%2	11.11		
편관	명	2	0	2
	%1	100		
	%2	22.22		
정관	명	2	1	3
	%1	66.67	33.33	
	%2	22.22	33.33	
집계	명	9	3	12
	%	2.94	0.98	

%1은 격국별 빈도, %2는 계열별 빈도

서울대생인 경우는 체육분야에서는 설문조사를 받지 못하였다. 전체 설문응답자 중 예체능 분야에서 받은 경우가 306명 중 12명으로 3.92%였다. 그만큼 예체능 분야에서 학생을 모집하는 경우가 낮다는 것을 알 수 있었다.

예능 분야를 기준하여 어느 격국이 유리한가를 판단하기에는 매우 난해하였다. 십정격 중 편재격이나 정재격 그리고 편인, 정인격에 해당하는 경우는 응답자가 없어 제외하였다.

❖ 미술계열에는 편관격이 다소 앞선 것으로 볼 수 있었다.
❖ 음악계열은 비견격이 빈도율에서 앞섰다.

예능계열에서는 비교 분석을 하기에는 응답자의 수가 적어 교차분석을 통하여 정의를 내리기가 어려웠다. 예체능 분야에 대해 더욱 연구하려면 설문대상자를 예능분야의 단과대학을 통하여 실시하면 구체적으로 나타날 수 있다고 본다. 그런데 아쉽게도 방학기간이라 만나기가 어렵기도 하였지만 설문을 받아내기가 어려워 보다 구체적으로 분석을 못한 것이 못내 아쉽다.

계열변동에 관한 응답

일간	계열변동 여부		인원
	변동 안 함	변동함	
甲	22	11	33
乙	26	10	36
丙	19	10	29
丁	21	3	33
戊	20	10	30
己	22	8	30
庚	24	6	33
辛	23	7	30
壬	25	6	31
癸	24	9	33
	226 73.86%	80 26.14%	306

진학시기에 자신이 계획했던 계열로 진학을 하였는가를 살펴보았다. 그 결과 당초 희망한 계열로 진학한 경우가 226명으로 73.86%에 해당하였고, 자신이 원한 계열을 가지 못한 경우가 80명에 26.14%이었다.

명문대를 진학한 경우에도 이처럼 자신이 원하는 분야의 계열로 진학을 하지 못한 경우를 세밀하게 분석한 결과 정시모집으로 진학한 경우가 많았다는 것을 알 수 있었다.

②
진학시기의 대운과 십성의 관계

    대학을 진학하는 것이 명리학으로는 대체적으로 둘째 대운과 연관성이 있다. 이 경우 십성으로 어떤 경우에 유리하였는지를 연구하기로 하였다. 대학을 진학하는 경우가 주로 18세에서 19세에 진학을 하게 되는 것이 대부분이다. 다음과 같은 방법으로 정하였다.

    대운의 숫자는 나이에 해당하고 1부터 10에 해당된다. 먼저 10세에 해당하는 학생은 첫째 대운 지지의 십성을 기준하였고, 1세에서 4세에 해당하는 경우는 둘째 대운 지지의 십성을 기준하였다. 그리고 5세에서 9세에 해당하는 경우는 둘째 대운의 천간 십성을 기준하였다.

    해당되는 나이에 명리학의 십성을 기준하여 어떤 십성에 해당할 때 유리한가를 분석하고자 하였다.

N : 306명

日干	대운 구분										비고
	비견	겁재	식신	상관	편재	정재	편관	정관	편인	정인	
甲	5	1	0	4	3	6	3	2	4	5	33
乙	4	1	5	6	4	6	0	4	2	4	36
丙	3	1	5	4	0	6	0	2	6	2	29
丁	1	1	3	6	3	2	3	3	0	2	24
戊	4	2	2	5	1	2	5	5	2	2	30
己	4	2	2	3	2	3	7	5	1	1	30
庚	3	3	4	1	2	3	2	3	4	5	30
辛	3	4	2	2	2	5	5	1	0	6	30
壬	3	2	2	3	3	5	4	4	4	1	31
癸	1	3	5	3	4	5	2	2	3	5	33
집계	31	20	30	37	24	43	31	31	26	33	306
	10.13%	6.54%	9.80%	12.09%	7.84%	14.05%	10.13%	10.13%	8.49%	10.78%	

대학을 진학하는 시기의 대운이 정재운에 해당할 때 진학률이 매우 높은 것으로 나타났다. 통상적으로 인성은 학문, 교육, 문서에 해당하여 인성운에서 많은 학생들이 진학을 유리하게 할 것이라 예측을 하고 설문을 실시하였으나 조사 결과에서는 정재운이 유리하다는 결론이 나왔다. 특히 정재운에서 이과분야가 더 유리하다는 것도 본 논문을 연구하면서 밝히게 되었다. 그 다음으로 상관운에 해당할 때 37명으로 유리하게 작용하는 것으로 나타났다.

3
대학 진학에 유리한 십성

성적을 기준하여 학교를 선택하게 되고 자신이 희망하는 학과로 입학을 하길 원한다. 대학을 진학하는 해(세운)가 명리학의 십성으로 어떤 경우가 유리하였는지를 분석하려고 한다.

이미 명문대를 진학한 학생을 기준하여 살펴보기로 하였다.
분석방법으로는 일간을 기준하여 세운의 십성관계를 기준하였다.

N : 306명

구분	합격한 해										비고
	비견	겁재	식신	상관	편재	정재	편관	정관	편인	정인	
甲	4	0	4	0	8	3	5	3	5	1	33
乙	2	0	1	2	3	5	4	11	1	7	36
丙	4	1	4	5	1	3	5	2	1	3	29
丁	1	3	4	2	5	0	0	6	2	1	24
戊	2	4	3	5	5	1	1	2	2	5	30
己	3	3	5	4	0	7	2	0	3	3	30
庚	2	3	9	0	1	3	1	4	5	2	30
辛	6	2	1	5	1	0	1	6	4	4	30
壬	11	4	0	0	1	2	5	2	2	4	31
癸	2	6	0	1	4	4	1	5	5	5	33
	37	26	31	24	29	28	25	41	30	35	306

일간을 기준하여 대학을 진학한 연도를 십성으로 분석한 결과가 다음과 같다. 세운이 정관운에 해당할 때 합격률이 높은 것으로 나타났다. 진학하는 해가 정관운일 때 41명이 합격을 하여 13.40%에 해당하였다. 그 다음으로는 비견운에 해당할 때이었다. 즉 37명으로 12.09%로 나타났다.

정관은 길성에 해당하고 합리성과 책임성을 갖고 있기 때문이며, 비견은 일간과 같은 오행으로 정보력, 활동성이 많아지는 해이기 때문에 유리하였다고 볼 수 있었다.

N : 306명

구분	격국 분석										비고
	비견	겁재	식신	상관	편재	정재	편관	정관	편인	정인	
甲	2	3	3	3	9	3	0	4	4	2	33
乙	1	2	2	7	3	8	3	8	1	1	36
丙	4	1	5	1	2	1	1	4	4	6	29
丁	1	1	0	7	2	5	3	2	0	3	24
戊	9	6	4	1	1	2	2	1	1	3	30
己	4	2	2	1	3	1	1	8	4	4	30
庚	2	2	4	3	2	7	1	0	6	3	30
辛	3	0	3	6	1	1	5	1	4	6	30
壬	2	4	2	2	2	5	3	4	3	4	31
癸	3	0	3	2	1	0	8	6	6	4	33
	31	21	28	33	26	33	27	38	33	36	306

일간별 기준하여 격국을 분류하여 진학관계를 살펴본 결과 甲일간은 편재격에 해당하는 경우가 유리하였다. 乙일간은 정관격에 해당하는 학생이 많았다. 丙일간은 정인격에 해당하는 경우가 유리하였고, 丁일간은 상관격에 해당할 때 많았다. 戊일간은 비견격인 경우가 유리하였으며, 己일간은 정관격에 해당하는 경우가 많았다.

庚일간은 정재격, 辛일간은 상관격과 정인격이었으며, 壬일간은 정재격에 해당할 때, 癸일간은 편관격일 때 유리한 것으로 나타났다.

N : 306명

구분	진학계열								비고
	문과			이과			예체능		
	인문	사회	교육	자연	공학	의학	미술	음악	
甲	6	5	3	7	10	0	2	0	33
	18.18	15.15	9.09	21.21	30.30		6.06%		
乙	5	12	2	8	7	1	1	0	36
	13.89	33.33	5.56	22.22	19.44	2.78	2.78%		
丙	3	5	3	8	7	1	2	0	29
	10.34	17.27	10.34	27.59	24.14	3.45	6.89%		
丁	2	2	2	11	6	0	0	1	24
	8.33	8.33	8.33	45.83	25			4.17%	
戊	5	10	3	7	3	2	0	0	30
	16.67	33.33	10.0	23.33	10.0	6.67%			
己	3	7	1	8	7	1	1	2	30
	10.0	23.33	3.33	26.67	23.33	3.33	3.33	6.67%	
庚	2	14	5	3	5	1	0	0	30
	6.67		16.67	10.0	16.67	3.33%			
辛	1	8	2	11	8	0	0	0	30
	3.33	26.67	6.67	36.67	26.67				
壬	6	7	1	9	6	0	2	0	31
	19.35	22.58	3.23	29.03	19.35		6.45%		
癸	5	9	2	10	6	0	1	0	33
	15.15	27.27	6.06	30.30	18.18		3.03%		
	38	79	24	82	65	6	9	3	306
	12.42	25.82	7.84	26.79	21.24	1.96	2.94	0.98%	

- 甲일간은 인문, 공학계열에 진학률이 높았다.
- 乙일간은 사회계열이 높았다.
- 丙이간은 자연, 미술계열이 높았다.
- 丁일간은 자연계열이 높았다.
- 戊일간은 사회, 의학계열이 높았다.
- 己일간은 자연, 음악계열이 높았다.
- 庚일간은 사회, 교육계열이 높았다.
- 辛일간은 자연계열이 높았다.
- 壬일간은 인문, 자연, 미술계열이 높았다.
- 癸일간은 자연계열이 높았다.

4
12운성과 대운의 관계 분석

　대학을 진학한 대운의 에너지에 대해 상관관계를 분석하려고 하였다. 에너지가 높은 경우와 낮은 경우를 기준하여 어떤 경우가 더 유리한지 밝혀보려고 한다. 많은 학생들이 성적에 맞추어 자신이 원하는 대학이나 학과를 선택하는데 유의미한 상관관계가 있는지 명리학적으로 살펴보려고 한다.

　에너지는 12운성을 기준하였으며, 에너지의 표기는 점수를 기준하며 1점에서 12점으로 구분한다.
　12운성의 표기 방식은 일간을 기준하여 대운의 지지를 기준하여 에너지를 분석하게 된다.

N : 306명

구분	진학 대운												비고
	생 9	육 7	대 10	록 11	왕 12	쇠 8	병 4	사 2	고 5	절 1	태 3	양 6	
甲	2	3	2	3	1	3	1	4	3	6	3	2	33
乙	10	2	3	3	1	1	1	3	2	0	8	2	36
丙	2	3	4	2	1	3	1	4	2	3	2	2	29
丁	3	0	3	3	0	0	0	2	1	4	2	6	24
戊	3	3	3	2	1	1	4	3	3	2	3	2	30
己	3	4	2	0	1	2	3	2	3	5	2	3	30
庚	3	4	2	2	2	2	4	3	4	3	0	1	30
辛	3	1	0	3	6	2	6	1	2	0	6	0	30
壬	5	3	3	4	1	3	1	1	3	3	3	1	31
癸	2	3	0	2	6	1	4	3	4	6	2	0	33
	36	26	22	24	20	18	25	26	27	32	31	19	306

대학을 진학한 대운을 기준하여 분석한 결과 다음과 같은 결과가 나왔다.

❖ 甲일간은 絶에 해당할 때 6명으로 높았다.

❖ 乙일간은 生에 해당할 때 높았다.

❖ 丙일간은 帶일 경우와 死일 때 높았다.

❖ 丁일간은 養에 해당할 때 높았다.

❖ 戊일간은 病에 해당할 때 높았다.

❖ 己일간은 絶에 해당할 때 높았다.

❖ 庚일간은 浴, 病, 庫일 때 높았다.

❖ 辛일간은 病, 胎일 때 높았다.

❖ 壬일간은 生일 때 높았다.

❖ 癸일간은 旺, 絶일 때 높았다.

대운과 12운성과의 관계를 분석한 결과 生에 해당하는 경우가 36명으로 11.76%에 해당하였다. 그 다음으로 絶에 해당할 때 32명으로 10.46%에 해당하였다.

12운성 중에서 四吉은 생·대·록·왕이고, 四凶은 쇠·병·사·절이며, 四中은 욕·고·태·양으로 불리어진다.

가. 생·대·록·왕인 경우가 102명으로 33.33%에 해당하였다.

나. 욕·고·태·양인 경우가 103명으로 33.66%에 해당하였다.

다. 쇠·병·사·절인 경우가 101명으로 33.01%에 해당하였다.

대운과 진학생의 관계를 12운성으로 분석한 결과 큰 영향을 차지하지 않았다.

5
전공 선택에 관한 설문응답

대학을 진학한 학생을 대상으로 설문응답을 실시한 결과가 다음과 같다. 이미 대학을 진학한 학생을 대상으로 설문조사를 실시하여 응답한 결과 자신의 적성에 맞아 계열과 학과선택을 하였다고 응답한 인원이 설문응답자 306명 중 193명에 해당하였다.

진학생들의 1차 목표가 명문대를 진학하는 것을 희망하겠지만 우선시 되어야 할 내용은 계열을 선택하는데 자신이 가장 잘하고 좋아하는 학과를 선택하고 있다는 것을 검증한 자료이다.

_전공 선택 과정_

N : 306명

| 일간 | 학과 선택 방법 | | | | 비고 |
	성적에 맞추어	적성에 맞아	부모님 권유	잘 모름	
甲	9	21	2	1	
乙	17	17	1	1	
丙	11	14	1	3	
丁	6	17	0	1	
戊	8	19	2	1	
己	7	18	3	2	
庚	4	24	1	1	
辛	8	20	0	2	
壬	8	21	1	1	
癸	9	21	1	1	
인원	87 28.43%	192 62.75%	12 3.92%	14 4.58%	306

　1년에 대학을 지원하는 학생이 35만 명에 해당한다. 자신이 어떤 분야를 좋아하고 전공할 것인지를 검토하고 선택을 해야 하는 시기이다.

　명문대에 다니는 재학생은 자신이 전공하는 과목에 대하여 성적을 먼저 기준하여 진학을 했을 것이라 판단하였다. 그 이유는 고등학교 3학년을 대상으로 설문조사시 학교가 중요하다는 응답자와 학과가 중요하다는 응답이 팽팽하게 맞서 있었는데 실제 명문대를 진학한 학생도 전공 선택시 성적을 먼저 기준하였는지 분석하기 위함이다. 위 표와 같이 일간을 기준하여 4개 문항으로 응답을 받은 결과 성적에 맞추어 진학한 경우가 28.43%에 해당하였고, 적성에 맞아 진학한 학생이 무려 62.75%에 해당한다는 사실을 알게 되었다.

명문대에 입성하는 학생은 성적이 상위 10%에 해당하는 경우이기 때문에 자신이 선호하는 학과를 먼저 선택하였다고 볼 수 있다. 역학적으로 성적에 맞추어 학교를 먼저 선택한 경우는 졸업을 하고 사회에 나갈 경우 어떤 현상이 기다릴 것인가를 고민해 봐야 한다.

선행연구 논문 중 본 저자가 통계 분석한 자료를 보면 다음과 같다 (동방대학원대학교, 미래예측학. 격국, 용신과 전공선택과의 상관관계 연구, 박사학위, 2011).

이제는 초등학교부터 고등학교에 이르기까지 진학지도 교사가 조언을 해주는가 하면 사회에 진출시에도 직업상담사가 직업에 대한 정보와 안내를 해주고 있다. 이처럼 시대는 전문성을 가진 인재를 필요로 하는 시대이며 학생들이 자기 주도적 학습과 진로에 대한 정보를 다양하게 받아들이고 활용하고 있다.

앞으로 진학을 준비하는 학생들에게 본 연구 자료가 도움이 되기를 희망한다.

구분	대학 진학 방법				비고
	입학 사정관	수시 1차	수시 2차	정시	
甲	4	13	5	11	33
乙	4	9	5	18	36
丙	3	7	6	13	29
丁	4	6	9	5	24
戊	1	4	4	21	30
己	3	9	5	13	30
庚	4	5	9	12	30
辛	5	5	5	15	30
壬	5	7	6	13	31
癸	4	3	7	19	33
계	37	68	61	140	306

대학을 진학한 과정이 수시와 정시 중 어느 경우가 비중이 높은가를 분석하는 표이다.

일반대학에 진학하는 비율에서는 정시로 진학을 한 경우가 높은 것으로 나타났는데 설문응답을 한 경우는 정시 진학률이 높게 나왔지만 서울대생인 경우는 정시보다 입학사정관제나 수시로 진학을 한 경우가 166명으로 54.25%에 해당하였다.

앞으로 많은 대학들도 타고난 선천적 기질을 조기에 발견하고 이를 학과로 선정하고 후일 직업으로 이어지도록 학부과정에서부터 시작되고 있다는 것은 매우 반가운 일이다.

　이렇게 명리학은 인간의 미래에 대해 시행착오를 줄일 수 있도록 다
방면에 걸쳐 연구하고 검증된 자료를 내놓음으로서 학문이 한 단계 발
전해 간다고 판단한다.

6
진로선택에 관한 설문응답

진로선택을 하는데 조언을 받거나 조언자로는 누구의 영향을 받았는가를 알고자 하였다.

진학시 조언자

구분	진로선택 상의자				비고
	담임	진학교사	부모님	내가 결정	
甲	4	1	5	23	
乙	3	1	2	30	
丙	4	0	4	21	
丁	2	2	4	16	
戊	1	0	6	23	
己	2	1	6	21	
庚	3	2	7	18	
辛	3	1	8	18	
壬	2	3	2	24	
癸	2	2	6	23	
계	26 8.50%	13 4.25%	50 16.34%	217 70.92%	306

대학을 진학한 학생들을 대상으로 한 설문응답 결과이다.

과거에는 담임교사들이 진로에 대한 정보를 거의 안내를 해주었지만 현재는 어떻게 변화가 되었는가를 분석하려고 하였다.

고등학교는 진로상담교사나 진학상담을 안내하는 교사들의 역할이 학생들에게 큰 영향을 줄 것이라 판단하고 설문조사서에 반영하였다.

위 도표에서 보듯 현재 많은 학생들이 대학을 진학하는데 자신이 주관적으로 결정하고 진학을 하고 있다는 새로운 사실을 알게 되었다.

진로선택에서 담임교사나 진학상담교사의 조언이 학생의 선호도와는 큰 차이가 있기 때문에 학생들은 자신이 좋아하는 분야로 선택하여 진학하고 있다는 것에 대해서 많은 아쉬움과 과제를 남기게 되었다.

자신이 계열이나 학과를 결정한다는 설문응답이 217명으로 전체 306명 중 70.92%에 해당하였다.

대학진학시 학교나 학과에 대해 자신이 직접 결정한다고 하였는데 그중에서도 학교를 먼저 선택할 것인지 아니면 계열과 학과를 더 중요하게 생각하고 있는지 진학한 학생을 대상으로 응답을 받았다.

진학시 중요성

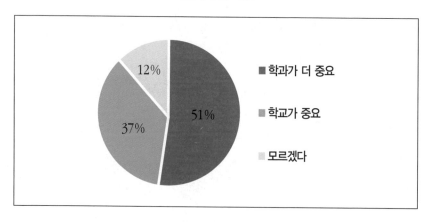

일간	중요성			비고
	학교가 더 중요	학과가 더 중요	모르겠다	
甲	13	17	3	33
乙	16	19	1	36
丙	13	11	5	29
丁	7	13	4	24
戊	15	11	4	30
己	10	14	6	30
庚	11	16	3	30
辛	12	15	3	30
壬	11	17	3	31
癸	5	24	4	33
계	113 36.93%	157 51.31%	36 11.76%	306

본 도표는 명문대를 진학한 306명을 기준하여 설문응답을 받아낸 자료이다. 명문대를 진학한 학생들이 당초 예측에서는 학교가 더 중요하다고 응답할 것이라 가정하고 설문문항에 반영하였다. 그런데 설문응답 결과에서 나타나듯 학교보다 더 중요한 것이 학과라는 의외의 설문응답 결과가 나왔다.

306명의 설문응답에서 157명이 학과가 더 중효하다라고 응답을 하여 51.31%에 해당하였다. 대학을 진학하는 진학생들이 고민을 하는 것이 1차 명문대에 들어가는 것을 원하게 되고 그 다음으로 학과를 선택하지만 이미 명문대에 입성한 학생들의 견해에서는 학과에 더 중점을 두고 있다는 사실을 묵과해서는 안 될 것이다.

8
자신이 전공한 분야와 향후 직업관계

　자신이 전공한 분야가 훗날 직업과 연관성이 있는가를 설문조사를 통하여 응답을 받았다.

　본 항목은 예측항목 중 한 부분이지만 졸업을 하고 사회에 진출하는 문제까지도 고민을 하지 않을 수 없기 때문에 항목으로 반영하여 응답을 받았다.

　자신이 전공한 분야가 직업과 연결될 것인가! 라는 항목으로 설문조사를 실시하였다.

학과와 직업의 상관관계

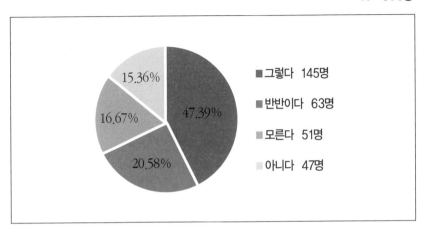

그렇다 145명

반반이다 63명

모른다 51명

아니다 47명

위 그림에서 나타나듯 자신이 전공한 분야가 졸업 후 해당분야로 직업을 선택하겠다고 응답한 학생이 145명에 해당하였다. 전체 306명 중 47.39%에 해당하였다.

그리고 63명이 고민을 하고 있는 것으로 나타났고 '아니다' 라고 응답한 인원은 47명으로 졸업 후 자영업을 준비하는 것으로 나타났다.

그만큼 학과가 곧 직업과 관계성을 갖고 있다는 것을 본 설문조사를 통하여 알게 되었다. 따라서 명리학의 격국을 기준하여 타고난 선천적 기질과 적성을 찾아 줄 수 있다는 결론을 얻었다.

9

직업 선택방법(졸업 후)

학과와 관계없이 졸업 후 어느 분야로 직업을 선택할 것인가를 묻는 설문조사 응답의 결과가 다음과 같다.

미래예측의 직업

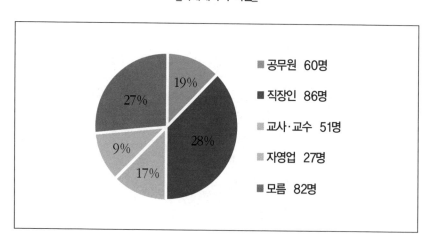

응답자 306명을 기준하여 분석한 결과 졸업 후 대기업으로 취업을 하겠다고 응답한 학생이 86명으로 28.10%로 높았다.

그 다음으로 아직 구체적으로 어느 분야로 가야 할지 고민하는 경우도 82명으로 나타났다.

자신의 미래에 대해 확신을 갖고 국가공무원으로 방향을 결정한 경우도 60명이나 되었다. 교육자의 길로 결정을 한 경우도 51명이나 되었다.

공무원이나 교사, 교수로 진로를 결정한 경우가 111명으로 전체 306명 중 36.27%에 해당하였다.

⑩
격국과 서울대와의 관계

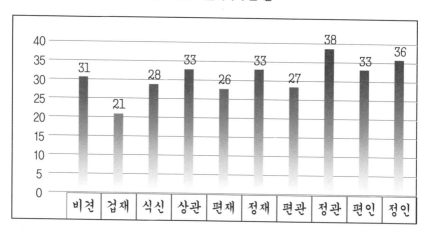

격국과 서울대와의 관계

  격국과 서울대와의 관계에서 정관격에 해당하는 학생이 38명으로 12.42%로 가장 많았고, 그 다음으로 정인격이 36명으로 11.76%에 해당하는 것으로 나타났다.

일간과 서울대와의 관계

일간과 서울대와의 관계

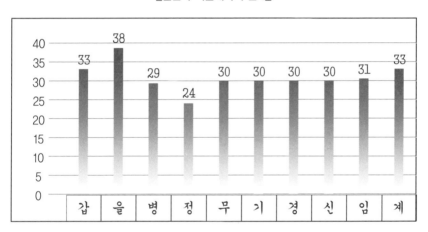

서울대에 진학한 재학생의 일간을 분석한 결과 乙일간이 38명으로 12.4%에 해당하였다. 丁火 일간에 해당하는 학생이 가장 낮게 나타나 24명으로 7.84%에 해당하였다.

격국과 일간을 대상으로 서울대와 인연이 많은 경우를 분류하여 보았다. 이와 같이 나와 인연이 되는 대학에 대해서 는 참고하는 것으로 이해하면 된다.

맹그 진화정보론

PART 11

자기 경영에 대한 분석

맹귀 진화 정보론

1
격국 기준

구분		비견격	
		인원	%
❶ **진학방법**	성적에 맞추어 진학	5	16.13
	적성에 맞아서 진학	21	**67.74**
	부모님 권유로 진학	2	6.45
	잘 모르겠다	3	9.68
소계		31	100
❷ **진학선택**	입학사정관제	2	6.45
	수시 1차	7	22.58
	수시 2차	6	19.35
	정시	16	**51.62**
소계		31	100
❸ **진로선택**	담임과 상담	1	3.23
	진학상담교사	1	3.23
	부모님 권유	7	22.58
	내가 결정	22	**70.96**
소계		31	100
❹ **중요성**	학교가 더 중요	15	**48.39**
	학과가 더 중요	14	45.16
	모르겠다	2	6.45
소계		31	100

비견격을 기준하여 살펴본 결과 대학진학시 진학방법에 대해 설문

조사를 실시한 결과 자신의 적성에 맞아 진학을 하였다는 결과가 21명으로 67.74%에 해당하였다. 이처럼 명문대를 진학한 학생은 성적이 뒷받침되기 때문에 자신이 좋아하는 계열과 학과를 선택했다고 하겠지만, 〈안성재 교수 박사논문〉[15]에서 인문계 남, 여 각각 1개 고등학교를 대상으로 설문조사를 실시한 경우에도 적성에 맞아 진학을 하였다는 응답이 성적에 맞추어 진학하였다는 내용보다 앞서 있었다.

설문응답 결과(겹재격)

구분		겹재격	
		인원	%
❶ 진학방법	성적에 맞추어 진학	6	28.57
	적성에 맞아서 진학	**11**	**52.39**
	부모님 권유로 진학	2	9.52
	잘 모르겠다	2	9.52
소계		21	100
❷ 진학선택	입학사정관제	0	
	수시 1차	6	28.57
	수시 2차	3	14.29
	정시	**12**	**57.14**
소계		21	100
❸ 진로선택	담임과 상담	1	4.76
	진학상담교사	0	
	부모님 권유	2	9.52
	내가 결정	**18**	**85.72**
소계		21	100
❹ 중요성	학교가 더 중요	4	19.05
	학과가 더 중요	**12**	**57.14**
	모르겠다	5	23.81
소계		21	100

---

15) 안성재, 『격국, 용신과 전공 선택과의 상관관계 연구』, 동방대학원대학교 미래예측학 명리, 인상학 박사, 2011

❶ 진학방법에 있어서는 적성에 맞아 계열과 학과를 선택한 경우가 11명으로 52.38%에 해당하였다.

❷ 진학선택으로는 정시에 진학한 경우가 12명으로 57.14%에 해당하였다.

❸ 진로선택에서는 내가 결정하였다는 응답이 18명으로 85.71%에 해당하였다.

❹ 진학시 학교와 학과 중 어느 것이 더 중요한가라는 응답에서는 학과가 더 중요하다고 응답한 학생이 12명으로 57.14%에 해당하였다.

설문응답 결과(식신격)

구분		식신격	
		인원	%
❶ 진학방법	성적에 맞추어 진학	10	35.71
	적성에 맞아서 진학	**18**	**64.29**
	부모님 권유로 진학	0	
	잘 모르겠다	0	
소계		28	100
❷ 진학선택	입학사정관제	2	7.14
	수시 1차	3	10.71
	수시 2차	8	28.57
	정시	**15**	**53.57**
소계		28	99.99
❸ 진로선택	담임과 상담	3	10.71
	진학상담교사	0	
	부모님 권유	4	14.29
	내가 결정	**21**	**75**
소계		28	100
❹ 중요성	학교가 더 중요	9	32.14
	학과가 더 중요	**13**	**46.43**
	모르겠다	6	21.43
소계		28	100

❶ 진학방법에 있어서는 적성에 맞아 계열과 학과를 선택한 경우가 18명으로 64.29%에 해당하였다.

❷ 진학선택으로는 정시에 진학한 경우가 15명으로 53.57%에 해당하였다.

❸ 진로선택에서는 내가 결정하였다는 응답이 21명으로 75%에 해당하였다.

❹ 진학시 학교와 학과 중 어느 것이 더 중요한가라는 응답에서는 학과가 더 중요하다고 응답한 학생이 13명으로 46.43%에 해당하였다.

설문응답 결과(상관격)

구분		상관격	
		인원	%
❶ 진학방법	성적에 맞추어 진학	7	21.21
	적성에 맞아서 진학	22	66.67
	부모님 권유로 진학	3	9.09
	잘 모르겠다	1	3.03
소계		33	100
❷ 진학선택	입학사정관제	3	9.09
	수시 1차	8	24.25
	수시 2차	11	33.33
	정시	11	33.33
소계		33	100
❸ 진로선택	담임과 상담	3	9.09
	진학상담교사	1	3.03
	부모님 권유	6	18.19
	내가 결정	23	69.69
소계		33	100
❹ 중요성	학교가 더 중요	12	36.36
	학과가 더 중요	17	51.52
	모르겠다	4	12.12
소계		33	100

❶ 진학방법에 있어서는 적성에 맞아 계열과 학과를 선택한 경우가 22

명으로 66.67%에 해당하였다.

❷ 진학선택으로는 입학사정관제와 수시로 진학자가 22명으로 66.67%에 해당하였고 정시 진학생은 11명으로 33.33%에 해당하였다.

❸ 진로선택에서는 내가 결정하였다는 응답이 23명으로 69.69%에 해당하였다.

❹ 진학시 학교와 학과 중 어느 것이 더 중요한가라는 응답에서는 학과가 더 중요하다고 응답한 학생이 17명으로 51.52%에 해당하였다.

설문응답 결과(편재격)

구분		편재격	
		인원	%
❶ 진학방법	성적에 맞추어 진학	6	23.07
	적성에 맞아서 진학	**18**	**69.23**
	부모님 권유로 진학	1	3.85
	잘 모르겠다	1	3.85
	소계	26	100
❷ 진학선택	입학사정관제	5	19.23
	수시 1차	9	34.62
	수시 2차	3	11.54
	정시	**9**	**34.61**
	소계	26	100
❸ 진로선택	담임과 상담	3	11.54
	진학상담교사	1	3.85
	부모님 권유	5	19.23
	내가 결정	**17**	**65.38**
	소계	26	100
❹ 중요성	학교가 더 중요	**13**	**50**
	학과가 더 중요	11	42.31
	모르겠다	2	7.69
	소계	26	100

❶ 진학방법에 있어서는 적성에 맞아 계열과 학과를 선택한 경우가 18명
으로 69.23%에 해당하였다.

❷ 진학선택으로는 입학사정관제와 수시진학자가 17명으로 65.38%이
고, 정시에 진학을 한 경우가 9명으로 34.61%에 해당하였다.

❸ 진로선택에서는 내가 결정했다는 응답이 17명으로 65.38%에 해당하였다.

❹ 진학시 학교와 학과 중 어느 것이 더 중요한가라는 응답에서는 학교
가 더 중요하다고 응답한 학생이 13명으로 50%에 해당하였다.

설문응답 결과(정재격)

구분		정재격	
		인원	%
❶ 진학방법	성적에 맞추어 진학	7	21.21
	적성에 맞아서 진학	**26**	**78.79**
	부모님 권유로 진학	0	
	잘 모르겠다	0	
	소계	33	100
❷ 진학선택	입학사정관제	7	21.21
	수시 1차	6	18.18
	수시 2차	8	24.24
	정시	**12**	**36.37**
	소계	33	100
❸ 진로선택	담임과 상담	3	9.09
	진학상담교사	3	9.09
	부모님 권유	3	9.09
	내가 결정	**24**	**72.73**
	소계	33	100
❹ 중요성	학교가 더 중요	13	39.39
	학과가 더 중요	**16**	**48.49**
	모르겠다	4	12.12
	소계	33	100

❶ 진학방법에 있어서는 적성에 맞아 계열과 학과를 선택한 경우가 26명
으로 78.79%에 해당하였다.

❷ 진학선택으로는 정시에 진학한 경우가 12명으로 36.37%에 해당하였다.

❸ 진로선택에서는 내가 결정하였다는 응답이 24명으로 72.73%에 해당
하였다.

❹ 진학시 학교와 학과 중 어느 것이 더 중요한가라는 응답에서는 학과
가 더 중요하다고 응답한 학생이 16명으로 48.49%에 해당하였다.

설문응답 결과(편관격)

구분		편관격	
		인원	%
❶ 진학방법	성적에 맞추어 진학	11	40.74
	적성에 맞아서 진학	**13**	**48.45**
	부모님 권유로 진학	1	3.70
	잘 모르겠다	2	7.41
소계		27	100
❷ 진학선택	입학사정관제	3	11.11
	수시 1차	8	29.63
	수시 2차	6	22.22
	정시	**10**	**37.04**
소계		27	100
❸ 진로선택	담임과 상담	1	3.70
	진학상담교사	1	3.70
	부모님 권유	9	33.34
	내가 결정	**16**	**59.26**
소계		27	100
❹ 중요성	학교가 더 중요	10	37.04
	학과가 더 중요	**15**	**55.56**
	모르겠다	2	7.40
소계		27	100

❶ 진학방법에 있어서는 적성에 맞아 계열과 학과를 선택한 경우가 13명 으로 48.15%에 해당하였다.

❷ 진학선택으로는 입학사정관제와 수시진학자가 17명으로 62.96%이 고, 정시에 진학을 한 경우가 10명으로 37.04% 에 해당하였다.

❸ 진로선택에서는 내가 결정했다는 응답이 16명으로 59.26%에 해당하였다.

❹ 진학시 학교와 학과 중 어느것이 더 중요한가라는 응답에서는 학과 가 더 중요하다고 응답한 학생이 15명으로 55.56%에 해당하였다.

설문응답 결과(정관격)

구분		정관격	
		인원	%
❶ 진학방법	성적에 맞추어 진학	14	36.84
	적성에 맞아서 진학	**20**	**52.64**
	부모님 권유로 진학	2	5.26
	잘 모르겠다	2	5.26
	소계	38	100
❷ 진학선택	입학사정관제	8	21.05
	수시 1차	8	21.05
	수시 2차	4	10.53
	정시	**18**	**47.37**
	소계	38	100
❸ 진로선택	담임과 상담	3	7.89
	진학상담교사	2	5.26
	부모님 권유	5	13.17
	내가 결정	**28**	**73.68**
	소계	38	100
❹ 중요성	학교가 더 중요	11	28.95
	학과가 더 중요	**24**	**63.16**
	모르겠다	3	7.89
	소계	38	100

❶ 진학방법에 있어서는 적성에 맞아 계열과 학과를 선택한 경우가 20명
으로 52.64%에 해당하였다.

❷ 진학선택으로는 입학사정관 및 수시 진학생이 20명으로 52.63%에
해당하였고, 정시 진학생이 18명으로 47.37%에 해당하였다.

❸ 진로선택에서는 내가 결정했다는 응답이 28명으로 73.68%에 해당하였다.

❹ 진학시 학교와 학과 중 어느 것이 더 중요한가라는 응답에서는 학과
가 더 중요하다고 응답한 학생이 24명으로 63.16%에 해당하였다.

설문응답 결과(편인격)

구분		편인격	
		인원	%
❶ 진학방법	성적에 맞추어 진학	10	30.30
	적성에 맞아서 진학	**21**	**63.64**
	부모님 권유로 진학	0	
	잘 모르겠다	2	6.06
	소계	33	100
❷ 진학선택	입학사정관제	4	12.12
	수시 1차	9	27.27
	수시 2차	3	9.09
	정시	**17**	**51.52**
	소계	33	100
❸ 진로선택	담임과 상담	2	6.06
	진학상담교사	1	3.03
	부모님 권유	5	15.15
	내가 결정	**25**	**75.76**
	소계	33	100
❹ 중요성	학교가 더 중요	10	30.30
	학과가 더 중요	**19**	**57.58**
	모르겠다	4	12.12
	소계	33	100

❶ 진학방법에 있어서는 적성에 맞아 계열과 학과를 선택한 경우가 21명
으로 63.64%에 해당하였다.

❷ 진학선택으로는 정시에 진학한 경우가 17명으로 51.52%에 해당하였다.

❸ 진로선택에서는 내가 결정하였다는 응답이 25명으로 75.76%에 해당
하였다.

❹ 진학시 학교와 학과 중 어느 것이 더 중요한가라는 응답에서는 학과
가 더 중요하다고 응답한 학생이 19명으 57.58%에 해당하였다.

설문응답 결과(정인격)

구분		정인격	
		인원	%
❶ 진학방법	성적에 맞추어 진학	11	30.55
	적성에 맞아서 진학	23	63.89
	부모님 권유로 진학	1	2.78
	잘 모르겠다	1	2.78
소계		36	100
❷ 진학선택	입학사정관제	3	8.33
	수시 1차	4	11.11
	수시 2차	9	25
	정시	20	55.56
소계		36	100
❸ 진로선택	담임과 상담	6	16.67
	진학상담교사	3	8.33
	부모님 권유	4	11.11
	내가 결정	23	63.89
소계		36	100
❹ 중요성	학교가 더 중요	16	44.44
	학과가 더 중요	16	44.44
	모르겠다	4	11.12
소계		36	100

❶ 진학방법에 있어서는 적성에 맞아 계열과 학과를 선택한 경우가 23명 으로 63.89%에 해당하였다.

❷ 진학선택으로는 정시에 진학을 한 경우가 20명으로 55.56%에 해당 하였다.

❸ 진로선택에서는 내가 결정하였다는 응답이 23명으로 63.89%에 해당 하였다.

❹ 진학시 학교와 학과 중 어느 것이 더 중요한가라는 응답에서는 똑같 이 16명으로 44.44%에 해당하였다.

2
진학자의 설문응답

진학자가 반영하여야 할 내용

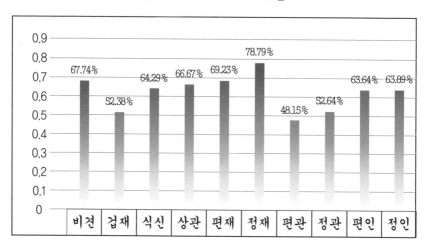

명문대에 진학한 학생들이 대학을 진학할 때 대체적으로 성적에 맞추어 진학할 것이라는 예측을 빗나가게 하였다. 고등학교 3학년인 경우 성적에 맞추어 1차 학교를 선택하고 그 다음으로 계열과 학과를 선

택하는 게 지배적이었지만, 이미 대학을 진학한 재학생들의 생각은 성적보다 우선시되어야 하는 게 "자신의 적성에 맞아야 한다"는 것을 우선시하였다.

앞의 그림에서 나타나듯이 정재격에 해당하는 학생들이 78.79%가 적성이 중요하다고 응답하였다. 가장 낮은 비율을 보인 편관격은 48.15%에 해당하는 것을 알 수 있었다.

진학에서는 성적이 당연히 중요하다. 그러면서도 성적을 기준하여 자신이 가장 적성에 맞는 분야로 진학을 해야 후회를 하지 않게 되고, 자신이 전공한 분야로 직업을 갖는데 유리하다는 것을 의미하고 있다.

성적이 상위 크라스에 있는 학생에게만 해당하는 것이 아니라 모든 학생들은 교육학이나 심리학을 통하여 성격과 적성에 대하여 초등학교부터 고등학교에 이르기까지 다양하게 검사를 해왔다. 그러면서 진학을 할 때는 성적을 기준하여 입학에 심혈을 기울이게 된다.

이제는 자신의 적성을 조기에 발견하고 적성에 맞추어 계열을 선택하고 학과를 정해야 하는 시대라는 것을 학생과 학부모, 그리고 담임교사나 진로상담 교사들이 인지해야 할 것이다.

격국과 진학선택

구분	❷ 진학선택 (%)			
	입학사정관제	수시 1차	수시 2차	정시
비견격	6.45	22.58	19.35	51.62
겁재격	0	28.57	14.29	57.14
식신격	7.14	10.71	28.57	53.57
상관격	9.09	24.25	33.33	33.33
편재격	19.23	34.62	11.54	34.61
정재격	21.21	18.18	24.24	36.37
편관격	11.11	29.63	22.22	37.04
정관격	21.05	21.05	10.53	47.37
편인격	12.12	27.27	9.09	51.52
정인격	8.33	11.11	25	55.56
인원	37명	68명	61명	140명
	12.09 %	22.22 %	19.94 %	45.75 %

대학진학시 입학사정관제로 진학률이 높은 격국으로는 정재격과 정관격이 상대적으로 높았다. 백분율 중 21.05 ~ 21.21%에 해당하였다.

수시 1차로 진학하는데 비율이 높은 격국은 편재격이며 백분율 중 34.62%에 해당하였다.

수시 2차로 진학하는데 높은 비율을 보인 격국으로는 상관격이며, 백분율 중 33.33%에 해당하였다.

정시 진학에 높은 비율을 보인 격국으로는 겁재격이며 57.14%에 해당하였다.

　　정시로 대학을 진학하는 비율이 50%에도 미치지 못하고 45.75%에 해당하였다. 상대적으로 입학사정관제나 수시로 대학을 진학한 비율이 54.25%에 해당하여 많은 학생들이 특별채용이나, 자신의 적성을 찾아 진학을 한 경우가 많다는 것을 증명하였다.

■ 앞으로 입학사정관제로 대학을 진학하는 경우가 20%에 이를 것이고, 수시 1, 2차로 진학하는 비율이 50%에 해당될 것으로 보여진다. 그러므로 정시로 진학하는 비율이 30%에 해당되므로 정시 진학에서는 경쟁률이 매우 높을 것이며, 부득이 점수에 맞추어 진학을 할 수밖에 없다는 결론이 나온다.

■ 이제는 학생들도 자신이 가장 흥미를 갖고 있으면서 적성에 맞는 분야로 조기에 진학하는 것이 유리하다는 결론이 도출되었고, 학부모들도 자녀의 적성을 유년기부터 찾아 주어야 할 것이다.

■ 명리학에서도 진학에 대한 정보를 발췌하여 보았다. 앞의 〈격국과 진학선택〉의 표와 같이 격국을 기준하여 입학사정관제나 수시로 진학을 하는데 필요한 정보를 전달할 수 있다.

▶ 대학을 진학하는 세운과 충, 형이 될 때는 어떤 방법으로 진학을 하는 게 유리한가!

구분	❸ 진학 멘토역할자			
	담임	상담교사	부모님	내가 결정
비견격	3.23	3.23	22.58	70.96
겁재격	4.76	0	9.52	85.72
식신격	10.71	0	14.29	75
상관격	9.09	3.03	18.19	69.69
편재격	11.54	3.85	19.23	65.38
정재격	9.09	9.09	9.09	72.73
편관격	3.70	3.70	33.34	59.26
정관격	7.89	5.26	13.17	73.68
편인격	6.06	3.03	15.15	75.76
정인격	16.67	8.33	11.11	63.89
인원	26명	13명	50명	217명
%	8.49	4.25	16.34	70.91

대학진학시 학교선택이나 학과선택을 할 경우 조언자가 누구였는가를 알고자 하였다.

담임과 상담을 한 경우는 정인격이 가장 높았으며 16.67%에 해당하였다. 상담교사를 통하여 결정한 경우는 정재격이 9.09%로 높았다. 부모님과 상의하여 결정한 경우는 편관격이 33.34%에 해당하였다. 내가 결정한 경우는 겁재격이 가장 높게 나타나 85.72%에 해당하였다.

재학생 306명을 대상으로 응답을 받은 결과 담임과 진로에 대해 상담한 인원이 26명으로 8.49%에 해당하였다. 상담교사와 상의하여 결정한 경우는 13명으로 4.25%에 해당하였고, 부모님과 상의하여 결정한 경우는 50명으로 16.34%에 해당하였다. 자신이 결정한 경우가 무려 217명으로 70.91%에 달하였다.

  대학을 진학하는 과정과 학과를 선택하는데 실효성에 있어서 담임이나 진학상담교사의 조언을 듣고 진로를 결정하는 경우는 39명으로 부모님과 상의하여 결정하는 숫자보다 적었다. 70.91% 이상이 자신이 결정하여 진학을 하였다는 사실에 귀를 기울여야 할 것이다.

◐ 연구점

■ 초등학교부터 고등학생에 해당할 때 진로에 대하여 교육학이나 심리학을 통하여 적성검사를 실시한 자료를 기준하여 학생들이 진학 결정에 반영하는 것으로 나타났다. 그렇지만 구체적이지 못하기 때문에 대다수 학생들은 자신이 가장 성적이 좋은 과목과 관계되는 분야로 결정할 수밖에 없다는 것이 대다수의 의견이다.

■ 명리학에서는 생년, 월, 일, 시를 기준하여 격국을 분석하고 격국을 토대로 계열과의 관계로 진학정보를 제공하고 있다.

구분	❹ 중요성		
	"학교"가 더 중요	"학과"가 더 중요	모르겠다
비견격	48.39	45.16	6.45
겁재격	19.05	57.14	23.81
식신격	32.14	46.43	21.43
상관격	36.36	51.52	12.12
편재격	**50.00**	42.31	7.69
정재격	39.39	48.49	12.12
편관격	37.04	55.56	7.40
정관격	28.95	**63.16**	7.89
편인격	30.30	57.58	12.12
정인격	44.44	44.44	11.12
인원	113명	157명	36명
%	36.93	51.31	11.76

격국별 선택의 중요성에 대해 살펴보았다.

재학생의 설문응답 자료를 기준하여 백분율로 표시하였다.

학교가 중요하다고 응답한 학생이 113명으로 36.93%에 해당하였고, 격국 중에서는 편재격에 해당하는 경우로 50%에 해당하였다.

학과가 더 중요하다고 응답한 학생은 157명으로 51.31%에 해당하여 절반이 넘는 것으로 분석되었다.

이 중 정관격에 해당하는 경우가 63.16%에 해당하였다.

■ 진학을 앞둔 학생들이 갈망하는 것은 성적이 좋아야 한다. 그래야 자신이 원하는 대학이나 원하는 학과를 진학할 수 있으나, 성적이 상위권에 속하는 경우를 제외하고는 갈등의 요소가 지배적이다. 그러면서도 갈등과 고민이 되는것이 학교를 먼저 선택할 것인가! 학과를 먼저 선택할 것인가! 많은 고민을 하게 된다.

■ 명문대를 입성한 재학생들은 당연히 학교가 더 중요하다고 응답을 할 것이라는 가설을 설정하고 응답을 받았는데 의외의 결과가 나왔다. 성적에 맞추어 S(서울대), K(고려대), Y(연세대)를 들어간 경우는 학교를 우선적으로 중요하게 여길 것이라 믿었는데 51%에 해당하는 학생이 "학과"가 더 중요하다는 응답에 많은 연구가 필요할 것이라 판단하였다.

▶ 미래예측학적으로 추가 문항을 나열하여 받은 항목이 자신이 전공한 학과로 직업을 가질 것인가라는 질문에 73%가 '그렇다' 라고 응답하였다. 결과적으로 자신이 전공한 학과가 곧 미래의 직업으로 연관성을 갖고 있다는 것을 학생들이 너무나 잘 알고 있었다.

▶ 서울대에 입성한 재학생 중 자신이 처음에 희망한 계열을 진학하지 못한 경우! 즉, 계열변동을 하여 진학한 경우는 어느 정도가 되는가를 분석한 결과, 26.14%가 계열을 변동하여 진학하였다. 특히 정시진학을 한 경우가 대부분이었다.

맹라 진화정보론

PART 12

계열별 사례 해설

멩리 진화정보론

1. 비견격과 사회계열 진학 사례

건명, 1992년 양력 00월 00일

時	日	月	年	대운	진학연도
?	癸	壬	壬	14	11
?	酉	子	申	甲寅	辛卯

◆ 癸일간이 子월에 태어났다.

① 자신이 태어난 절기는 대설에 해당한다. 대설은 12월 7일에 시작하였다.

② 자신의 생일부터 대설까지의 일수는 23-6은 17일로 정기생에 해당한다.

③ 격국은 월지 지장간 중 자신의 본기는 정기생에 해당하여 癸를 격으로 취한다.

④ 비견격에 해당하는 학생이다.

⑤ 명조가 종왕격으로 구성되어 용신은 金. 水. 木에 해당한다.

⑥ 진학하는 해의 대운은 寅에 해당하고 십성으로는 상관에 해당한다.

⑦ 대학을 진학하는 해의 세운 천간을 보면 辛金으로 편인에 해당한다.

⑧ 서울대에 수시 1차로 합격을 하였다.

⑨ 계열은 문과계열 중 사회계열을 선택하였고 학과는 정치외교학을 전공하고 있다.

⑩ 처음부터 계획을 하였고, 계열 변동을 하지 않았으며 학과를 선택

시 적성에 맞아 선택하였다고 응답하였다.

⑪ 진학시 멘토자는 본인이라고 응답하였으며, 학교와 학과 중 어느 것이 중요한가에서 학과가 더 중요하다고 응답하였다.

⑫ 자신이 전공한 분야로 직업을 선택할 것인가를 묻는 질문에 '그렇다'라고 응답하였다.

☯ 연구점

■ 이 학생의 경우 자신이 태어난 시(時)를 기록하지 않은 학생이었다. 부모님은 알고 있을 수도 있고 없을 수도 있다. 한 번 더 태어난 시간에 대해 요청하였으나 모른다는 것이다.

■ 이것이 현실이다. 서울대생 306명의 응답자를 기준하여 분석한 결과 39%에 해당하는 학생이 시(時)를 기록하지 않았다. 그런데도 명문대를 들어가고 앞으로 자신이 전공한 분야로 직업을 갖고 살아가겠다고 한다.

■ 앞으로 시(時)를 모르는 경우 어떠한 방법으로 운명을 판단할 것인가! 태어난 시(時)를 상담자가 추측하여 만들 것인가, 아니면 격국을 정하는 방법을 더 연구할 것인가!

■ 명리학은 왜 계절의 학문이고 절기의 학문이라 논하는가!

2. 비견격과 교육계열

곤명, 1990년, 亥월 申일 午시

時	日	月	年	대운	세운
庚	甲	丁	庚	12	08
午	申	亥	午	乙	戊
	甲			酉	卯

◈ 관인상생의 구조로 이루어져 있다(상관제살).

◈ 득령을 하였지만 실지와 실세를 한 신약구조이다.

◈ 대운은 정관에 해당하고 세운은 편재에 해당한다.

① 자신의 생일부터 과거절기까지는 초기에 해당한다.

② 亥월은 실제적으로 戊土의 작용력보다 木을 저장하기 때문에 초기로는 甲木이 사령한다.

③ 격국은 월지 지장간 중 자신의 본기는 초기생에 해당하여 甲을 취하여 비견격에 해당한다.

④ 용신으로는 水와 木이 필요한 구조이다.

⑤ 진학하는 해의 대운은 酉에 해당하고 십성으로는 정관에 해당한다.

⑥ 대학을 진학하는 해의 세운 천간을 보면 戊土로 편재에 해당한다.

⑦ 서울대에 수시 1차로 합격을 하였다.

⑧ 계열은 문과계열중 교육계열을 선택하였고 학과는 과학교육학을 전공하고 있다.

⑨ 처음부터 계획을 하였고, 계열 변동을 하지 않았으며 학과를 선택 시 적성에 맞아 선택하였다고 응답하였다.

⑩ 진학시 멘토자는 본인이라고 응답하였으며, 학교와 학과 중 어느 것이 중요한가에서 학과가 더 중요하다고 응답하였다.

⑪ 자신이 전공한 분야로 직업을 선택할 것인가를 묻는 질문에 '그렇 다' 라고 응답하였다.

⑫ 대운의 에너지를 보면 전년도보다 상승을 하고 있고, 세운도 욕 궁 으로 7점에 해당하였다.

3. 비견격과 자연계열

곤명, 87년 子월 卯일 시 : 모름

時	日	月	年	대운	세운
癸 卯	壬 子	丁 卯		16 甲 寅	06 丙 戌

◆ 태어난 시를 잘 모른다고 응답.

◆ 월간이 일간과 같은 오행으로 신강구조이다.

◆ 용신을 木, 火, 土로 판단하였다.

◆ 식신생재의 구조로 이루어져 있다.

① 자신의 생일부터 과거절기까지는 정기에 해당한다.

② 子월은 癸水가 사령한다.

③ 격국은 월지 지장간 중 자신의 본기는 정기생에 해당하여 癸를 취하여 비견격에 해당한다.

④ 용신으로는 木, 火, 土가 필요한 구조이다.

⑤ 진학하는 해의 대운은 甲에 해당하고 십성으로는 상관에해당한다.

⑥ 대학을 진학하는 해의 세운 천간을 보면 丙火로 정재에 해당한다.

⑦ 서울대에 정시로 합격을 하였다.

⑧ 계열은 이과계열중 자연계열을 선택하였고 학과는 농업생명과학을 전공하고 있다.

⑨ 처음부터 계획을 하지 않았고, 계열변동을 하였으며 학과를 선택시 성적에 맞추어 선택하였다고 응답하였다.

⑩ 진학시 멘토자는 담임이라고 응답하였으며, 학교와 학과 중 어느 것이 중요한가에서 학과가 더 중요하다고 응답하였다.

⑪ 자신이 전공한 분야로 직업을 선택할 것인가를 묻는 질에 '반반이다' 라고 응답하였다.

⑫ 대운의 에너지를 보면 7점에 해당하고 세운은 쇠궁으로 8점에 해당하였다.

⑬ 대운과 세운이 용신운일 때 진학하였다.

⑭ 대학원 과정.

4. 비견격과 자연계열

건명, 1981년 5월 00일 子시

時	日	月	年
壬	戊	癸	辛
子	子	巳	酉

대운

12
丙
子

세운(진학연도)

08
戊
子

◈ 戊일간이 巳월에 태어났다.

① 자신이 태어난 절기는 입하에 해당한다. 입하는 5월 5일에 시작하였다.

② 자신의 생일부터 입하까지의 일수는 10-4는 6일로 초기생에 해당한다.

③ 격국은 월지 지장간 중 자신의 본기는 초기생에 해당하여 戊를 격으로 취한다.

④ 비견격에 해당하는 학생이다.

⑤ 명조가 신약으로 구성되어 있다. 火土의 세력으로 용신을 정하였다.

⑥ 진학하는 해의 대운은 卯에 해당하고 십성으로는 정관에 해당한다.

⑦ 대학을 진학하는 해의 세운 천간을 보면 辛金으로 상관에 해당한다.

⑧ 서울대에 정시로 합격을 하였다.

⑨ 계열은 이과계열 중 자연계열을 선택하였고 학과는 물리학을 전공하고 있다.

⑩ 처음부터 계획한 계열로 진학하였으며, 학과를 선택시 적성에 맞아 선택하였다고 응답하였다.

⑪ 진학시 멘토자는 본인이라고 응답하였으며, 학교와 학과 중 어느 것이 중요한가에서 학교가 더 중요하다고 응답하였다.

⑫ 자신이 전공한 분야로 직업을 선택할 것인가를 묻는 질문에 '반반'이라고 응답하였다.

⑬ 대학원에서 물리학을 전공하고 있다.

☯ 연구점

■ 戊일간에서 대운은 기신대운에 해당한다.

■ 세운도 기신운에 해당하였다.

■ 戊일간에서 대운과 세운의 에너지가 7점에 해당하였다.

■ 신약한 구조인데 운에서 기신운이 들어왔는데 명문대를 진학했다. 상관운에 진학을 한 내용에 대해 더 많은 연구가 필요하다.

5. 비견격과 공학계열

건명, 87년 11월 00일 卯時

時	日	月	年		대운	세운
乙	戊	庚	丁		19	05
卯	午	戌	卯		戊	乙
					申	酉

◆ 戊일간이 戌월에 태어났다.

① 자신이 태어난 절기는 한로에 해당한다. 한로는 10월 9일에 시작하였다.

② 자신의 생일부터 한로까지의 일수는 9-익월 5는 27일로 정기생에 해당한다.

③ 격국은 월지 지장간 중 자신의 본기는 정기생에 해당하여 戊를 격으로 취한다.

④ 비견격에 해당하는 학생이다.

⑤ 명조가 신강으로 구성되어 있다. 金, 水, 木의 세력으로 하여 용신을 정하였다.

⑥ 진학하는 해의 대운은 戊에 해당하고 십성으로는 비견에 해당한다.

⑦ 대학을 진학하는 해의 세운 천간을 보면 乙木으로 정관에 해당한다.

⑧ 서울대에 수시 1차로 합격을 하였다.

⑨ 계열은 이과계열 중 공학계열을 선택하였고 학과는 전자공학을 전공하고 있다.

⑩ 처음부터 계획한 계열로 진학하였으며, 학과를 선택시 적성에 맞아 선택하였다고 응답하였다.

⑪ 진학시 멘토자는 본인이라고 응답하였으며, 학교와 학과 중 어느 것이 중요한가에서 학교가 더 중요하다고 응답하였다.

⑫ 자신이 전공한 분야로 직업을 선택할 것인가를 묻는 질문에 '반반'이라고 응답하였다. 훗날 교수로 가기를 희망하였다.

⑬ 대학원 과정.

6. 비견격과 의학계열

곤명, 1989, 00월 00일

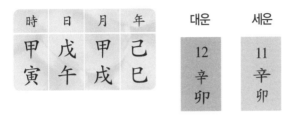

時	日	月	年
甲	戊	甲	己
寅	午	戌	巳

대운
| 12 |
| 辛 |
| 卯 |

세운
| 11 |
| 辛 |
| 卯 |

◆ 戊일간이 戌월에 태어났다.

① 자신이 태어난 절기는 한로에 해당한다. 한로는 10월 8일에 시작하였다.

② 자신의 생일부터 한로까지의 일수는 25-7은 18일로 정기생에 해당한다.

③ 격국은 월지 지장간 중 자신의 본기는 정기생에 해당하여 戊를 격으로 취한다.

④ 비견격에 해당하는 학생이다.

⑤ 명조가 신왕으로 구성되어 있다. 火, 土의 세력으로 하여 용신을 정할 것인가, 억부로 판단하여 金水로 논할 것인가!

⑥ 진학하는 해의 대운은 子에 해당하고 십성으로는 정재에 해당한다.

⑦ 대학을 진학하는 해의 세운 천간을 보면 戊土로 비견에 해당한다.

⑧ 서울대에 정시로 합격을 하였다.

⑨ 계열은 이과계열 중 의학계열을 선택하였고 학과는 간호학을 전공하고 있다.

⑩ 처음부터 계획한 계열로 진학하였으며, 학과를 선택시 적성에 맞아 선택하였다고 응답하였다.

⑪ 진학시 멘토자는 본인이라고 응답하였으며, 학교와 학과 중 어느 것이 중요한가에서 학과가 더 중요하다고 응답하였다.

⑫ 자신이 전공한 분야로 직업을 선택할 것인가를 묻는 질문에 '그렇다' 라고 응답하였다.

☯ 연구점

■ 원국에 관이 있으면 從하기 어렵다고 하였는데 월간 甲은 연간 己와 합을 하여 戊土로 변하여 일간을 돕고 시지 寅은 삼합이 되어 火局으로 변하여 시간에 있는 甲은 戊土를 극할 수 있을까!

■ 용신을 金.水로 취한다면 金은 형체가 없어지고, 水는 수증기로 변하게 된다.

7. 겁재격과 인문계열

건명, 92년 子월 午일 辰시

時	日	月	年
甲	壬	壬	壬
辰	午	子	申

대운	세운
11 甲 寅	11 辛 卯

◆ 壬일간이 子월에 태어났고 정기생에 해당한다.

◆ 신강구조이며 木, 火를 용하였다.

◆ 식신생재의 구조 또는 재생관의 구조로 이루어졌다.

① 격국은 월지 지장간 중 자신의 본기는 정기생에 해당하여 癸를 격으로 취한다.

② 겁재격에 해당하는 학생이다.

③ 진학하는 해의 대운은 寅에 해당하고 십성으로는 식신에 해당한다.

④ 대학을 진학하는 해의 세운 천간을 보면 辛金으로 정인에 해당한다.

⑤ 서울대에 정시로 합격을 하였다.

⑥ 계열은 문과계열 중 인문계열을 선택하였고 학과는 영어영문학을 전공하고 있다.

⑦ 처음부터 계획한 계열로 진학하였으며, 학과를 선택시 적성에 맞아 선택하였다고 응답하였다.

⑧ 진학시 멘토자는 본인이라고 응답하였으며, 학교와 학과 중 어느 것이 중요한가에서 학교가 더 중요하다고 응답하였다.

⑨ 자신이 전공한 분야로 직업을 선택할 것인가를 묻는 질문에 '네'라고 응답하였다. 훗날 직장으로 가기를 희망하였다.

8. 겁재격과 사회계열

건명, 1993년 寅월 未일 시 : 모름

時	日	月	年
甲	壬	壬	壬
辰	午	子	申

대운
11
甲
寅

세운
11
辛
卯

◈ 壬일간이 寅월에 태어났고 초기생에 해당한다.

◈ 신약구조이며 火, 土를 용하였다.

◈ 식신제살의 구조로 이루어졌다.

① 격국은 월지 지장간 중 자신의 본기는 초기생에 해당하여 戊를 격
　으로 취한다.

② 겁재격에 해당하는 학생이다.

③ 진학하는 해의 대운은 子에 해당하고 십성으로는 편재에 해당한다.

④ 대학을 진학하는 해의 세운 천간을 보면 辛金으로 식신에 해당한다.

⑤ 서울대에 수시 2차로 합격을 하였다.

⑥ 계열은 문과계열 중 사회계열을 선택하였고 학과는 경제학을 전공
　하고 있다.

⑦ 처음부터 계획한 계열로 진학하였으며, 학과를 선택시 부모님 권
　유로 선택하였다고 응답하였다.

⑧ 진학시 멘토자는 부모님이라고 응답하였으며, 학교와 학과 중 어

느 것이 중요한가에서 '잘 모르겠다' 고 응답하였다.

⑨ 자신이 전공한 분야로 직업을 선택할 것인가를 묻는 질문에 모름
이라고 응답하였다. 훗날 자영업으로 희망하였다.

9. 겁재격과 교육계열

곤명, 79년 3월 申일 卯시

時	日	月	年
丁	甲	丁	己
卯	申	卯	未

대운
16
己
巳

세운
09
戊
子

◈ 甲일간이 卯월에 태어났고 득령을 하였지만 실지와 실세하여 신약하다.

◈ 신약구조이며 水, 木을 용하였다.

◈ 상관생재의 구조로 이루어졌다.

① 격국은 월지 지장간 중 자신의 본기는 정기생에 해당하여 乙을 격
으로 취한다.

② 겁재격에 해당하는 학생이다.

③ 진학하는 해의 대운은 己에 해당하고 십성으로는 정재에 해당한다.

④ 대학을 진학하는 해의 세운 천간을 보면 戊土로 편재에 해당한다.

⑤ 서울대에 수시 1차로 합격을 하였다.

⑥ 계열은 문과계열 중 교육계열을 선택하였고 학과는 국어국문학을 전공하고 있다.

⑦ 처음부터 계획한 계열로 진학하였으며, 학과를 선택시 성적에 의하여 결정 하였다고 응답하였다.

⑧ 진학시 멘토자는 '나'라고 응답하였으며, 학교와 학과 중 어느 것이 중요한가에서 학과가 중요하다고 응답하였다.

⑨ 자신이 전공한 분야로 직업을 선택할 것인가를 묻는 질문에 '그렇다'라고 응답하였다. 훗날 교수로 희망하였다.

⑩ 대운의 에너지는 4점이고 세운의 에너지는 7점에 해당하였다.

10. 겁재격과 자연계열

곤명, 1990년 4월 巳일 巳시

時	日	月	年		대운	세운
己	己	庚	庚		10	09
巳	巳	辰	午		己	戊
					卯	子

◆ 己일간이 辰월에 태어났고 득령을 하였고 득지와 득세하여 신강하다.

◆ 신강구조이며 金, 水, 木을 용하였다.

① 격국은 월지 지장간 중 자신의 본기는 정기생에 해당하여 戊를 격

으로 취한다.

② 겁재격에 해당하는 학생이다.

③ 진학하는 해의 대운은 卯에 해당하고 십성으로는 편관에 해당한다.

④ 대학을 진학하는 해의 세운 천간을 보면 戊土로 겁재에 해당한다.

⑤ 서울대에 수시 2차로 합격을 하였다.

⑥ 계열은 이과계열 중 자연계열을 선택하였고 학과는 생명과학을 전공하고 있다.

⑦ 처음부터 계획하지 않고 진학하였으며, 학과를 선택시 '모르겠다'에 응답하였다.

⑧ 진학시 멘토자는 '나' 라고 응답하였으며, 학교와 학과 중 어느 것이 중요한가에서 '모르겠다' 고 응답하였다.

⑨ 자신이 전공한 분야로 직업을 선택할 것인가를 묻는 질문에 '모른다' 라고 응답하였다. 훗날 자영업에 희망하였다.

⑩ 대운의 에너지는 4점이고 세운의 에너지는 1점에 해당하였다.

⑪ 비겁이 왕하고 土가 기신운에 해당하는 데도 서울대를 진학하였다.

연구점

■ 대운이나 세운이 기신운인데에도 불구하고 서울대를 입학하였다. 그러나 자신이 미래를 구상하는 문제에 대해서는 비겁의 특성을 그대로 보여준 경우이다. 상관은 이과와 예체능 분야의 소질이 강하기 때문으로 판단하였다. 그런데도 기신운에 명문대를 진학한 이유를 어떻게 설명해야 옳은가! 세운이 연지 기신 午火를 沖하여 학문을 일깨웠다!

11. 겁재격과 공학계열

곤명, 1994년 6월 戌일 시 : 모름

時	日	月	年	대운	세운
	丙	庚	甲	18	12
戌	戌	午	戌	戊	壬
				辰	辰

◆ 丙일간이 午월에 태어났고 득령을 하였고 월지 午火가 일지, 연지 戌과 합을 하였고 통근을 하였다. 연간 甲木도 丙火를 돕고 있다.

◆ 신강구조이며 水, 金, 土를 용하였다.

◆ 식신생재의 구조가 발달하였다.

① 격국은 월지 지장간 중 자신의 본기는 정기생에 해당하여 丁火를 격으로 취한다.

② 겁재격에 해당하는 학생이다.

③ 진학하는 해의 대운은 戊에 해당하고 십성으로는 식신에 해당한다.

④ 대학을 진학하는 해의 세운 천간을 보면 壬水로 편관에 해당한다.

⑤ 서울대에 수시 1차로 합격을 하였다.

⑥ 계열은 이과계열 중 공학계열을 선택하였고 학과는 기계항공학을 전공하고 있다.

⑦ 처음부터 계획하지 않고 진학하였으며, 학과를 선택시 적성에 맞아서에 응답하였다.

⑧ 진학시 멘토자는 '나' 라고 응답하였으며, 학교와 학과 중 어느 것

이 중요한가에서 학과라고 응답하였다.

⑨ 자신이 전공한 분야로 직업을 선택할 것인가를 묻는 질문에 '네'

라고 응답하였다. 훗날 직업은 '모른다' 라 응답하였 다.

⑩ 대운의 에너지는 10점이고 세운의 에너지는 10점에 해당하였다.

12. 겁재격과 의학계열

건명, 1988년 00월 11일 巳시

時	日	月	年	대운	세운
丁	戊	乙	戊	16	07
巳	寅	丑	辰	丁 卯	丁 亥

◈ 戊일간이 丑월에 태어났고 득령을 하였고 득세하였다.

◈ 신강구조이며 木, 水를 용하였다.

◈ 관인상생의 구조가 발달하였다.

① 격국은 월지 지장간 중 자신의 본기는 정기생에 해당하여 己土를

격으로 취한다.

② 겁재격에 해당하는 학생이다.

③ 진학하는 해의 대운은 丁에 해당하고 십성으로는 정인에 해당한다.

④ 대학을 진학하는 해의 세운 천간을 보면 丁火는 정인에 해당한다.

⑤ 서울대에 정시로 합격을 하였다.

⑥ 계열은 이과계열 중 의학계열을 선택하였고 학과는 약학을 전공하고 있다.

⑦ 처음부터 계획하지 않고 진학하였으며, 학과를 선택시 성적에 맞추어 하였다.

⑧ 진학시 멘토자는 '나' 라고 응답하였으며, 학교와 학과 중 어느 것이 중요한가에서 학과라고 응답하였다.

⑨ 자신이 전공한 분야로 직업을 선택할 것인가를 묻는 질문에 '네' 라고 응답하였다. 훗날 직업은 '모른다' 라 응답하였다.

⑩ 대운의 에너지는 7점이고 세운의 에너지는 1점에 해당하였다.

13. 상관격과 인문계열

건명, 1986년 2월 00일 卯시

時	日	月	年	대운	세운
乙	癸	庚	丙	12	03
卯	卯	寅	寅	壬辰	癸未

◈ 癸일간이 寅월에 태어났고 실령을 하였고 실지하였다.

◈ 신약구조이며 水, 金을 용하였다.

◆ **식상이 발달한 구조로 金이 필요하다.**

① 격국은 월지 지장간 중 자신의 본기는 정기생에 해당하여 甲木을 격으로 취한다.

② 상관격에 해당하는 학생이다.

③ 진학하는 해의 대운은 壬에 해당하고 십성으로는 겁재에 해당한다.

④ 대학을 진학하는 해의 세운 천간을 보면 癸는 비견에 해당한다.

⑤ 서울대에 수시 2차로 합격을 하였다.

⑥ 계열은 문과계열 중 인문계열을 선택하였고 학과는 철학을 전공하고 있다.

⑦ 처음부터 계획하여 진학하였으며, 학과를 선택시 적성에 맞추어 하였다.

⑧ 진학시 멘토자는 '나'라고 응답하였으며, 학교와 학과 중 어느 것이 중요한가에서 학과라고 응답하였다.

⑨ 자신이 전공한 분야로 직업을 선택할 것인가를 묻는 질문에 '네'라고 응답하였다. 훗날 직업은 직장이라 응답하였다.

⑩ 대운의 에너지는 6점이고 세운의 에너지는 5점에 해당하였다.

⑪ 대학원생이다.

14. 상관격과 사회계열

건명, 1993년 00월 13일 시 : 모름

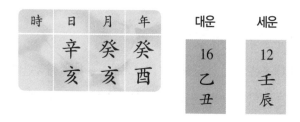

時	日	月	年	대운	세운
辛	癸	癸		16	12
亥	亥	酉		乙丑	壬辰

◆ 辛일간이 亥월에 태어나 실령을 하였고 실지하였다.

◆ 신약구조이며 金, 土가 연합하여 운에서 오거나 木이 필요한 구조이다.

◆ 식상이 발달한 구조로 木이 필요하다.

① 격국은 월지 지장간 중 자신의 본기는 정기생에 해당하여 壬水를 격으로 취한다.

② 상관격에 해당하는 학생이다.

③ 진학하는 해의 대운은 乙木에 해당하고 십성으로는 편재에 해당한다.

④ 대학을 진학하는 해의 세운 천간을 보면 壬水는 상관에 해당한다.

⑤ 서울대에 입학사정관제로 합격을 하였다.

⑥ 계열은 문과계열 중 사회계열을 선택하였고 학과는 경제학을 전공하고 있다.

⑦ 처음부터 계획하여 진학하였으며, 학과를 선택시 적성에 맞추어 하였다.

⑧ 진학시 멘토자는 '나' 라고 응답하였으며, 학교와 학과 중 어느 것

이 중요한가에서 학교라고 응답하였다.

⑨ 자신이 전공한 분야로 직업을 선택할 것인가를 묻는 질문에 '네'라고 응답하였다. 훗날 직업은 공무원이라 응답하였다.

⑩ 대운의 에너지는 6점이고 세운의 에너지는 5점에 해당하였다.

15. 상관격과 교육계열

곤명, 91년 08월 00일 밤 10시

時	日	月	年	대운	세운
癸	戊	戊	辛	12	09
亥	午	戌	未	庚	己
				子	丑

◈ 戊일간이 戌월에 태어났다.

① 자신이 태어난 절기는 한로에 해당한다. 한로는 10월 9일에 시작하였다.

② 자신의 생일부터 한로까지의 일수는 15-8은 7일로 초기생에 해당한다.

③ 격국은 월지 지장간 중 자신의 본기는 초기생에 해당하여 辛을 격으로 취한다.

④ 상관격에 해당하는 학생이다.

⑤ 명조가 신왕으로 구성되어 용신은 金, 水, 木에 해당한다.

⑥ 진학하는 해의 대운은 庚에 해당하고 십성으로는 식신에 해당한다.

⑦ 대학을 진학하는 해의 세운 천간을 보면 己土로 겁재에 해당한다.

⑧ 서울대에 정시로 합격을 하였다.

⑨ 계열은 문과계열 중 교육계열을 선택하였고 학과는 영어교육학을 전공하고 있다.

⑩ 처음부터 계획한 계열로 진학하지 못했으며, 학과를 선택시 성적에 맞추어 선택하였다고 응답하였다.

⑪ 진학시 멘토자는 '본인' 이라고 응답하였으며, 학교와 학과 중 어느 것이 중요한가에서 학과가 더 중요하다고 응답하였다.

⑫ 자신이 전공한 분야로 직업을 선택할 것인가를 묻는 질문에 '잘 모르겠다' 라고 응답하였다.

연구점

■ 자신이 전공하고 싶은 분야는 의학분야였지만 성적에 의하여 교육분야로 진학을 하였다. 그런데도 정시에 서울대에 진학을 하였다.

■ 대운에서는 용신운을 만났지만 세운에서는 기신운을 만났다.

■ 세운은 일의 당면성과 관계가 깊다고 본 서적에서 언급하였다. 학생이므로 관건이 대학진학이 목표이다. 그런데 자신이 원하는 방향으로 가지는 못했지만 명문대를 입성하였다.

■ 명리학에서는 어떻게 논할 것인가!

• 세운과 丑, 戌, 未 삼형으로 이루어지고 일지와는 怨嗔이라 그렇다?

• 기신을 沖, 刑하면 좋다?

■대운의 에너지는 전 대운보다 상승을 하였고 세운도 전년도보다 상
   승을 하고 있다. 비록 세운이 기신이지만 에너지가 상승을 하고 있어
   자신감을 갖고 목적실현을 하려고 노력하였다고 볼 수 있다.

16. 상관격과 자연계열

곤명, 1996년 庚寅월 丁丑일 시 : 모름

◆ 丁일간이 寅월에 태어나 득령을 하였으나 실지하였다.

◆ 신약구조이며 木이 필요한 구조이다.

◆ 식신생재의 구조가 발달하였다.

① 격국은 월지 지장간 중 자신의 본기는 초기생에 해당하여 戊를 격
   으로 취한다.

② 상관격에 해당하는 학생이다.

③ 진학하는 해의 대운은 子水에 해당하고 십성으로는 편관에 해당한다.

④ 대학을 진학하는 해의 세운 천간을 보면 壬水는 정관에 해당한다.

⑤ 서울대에 수시 2차로 합격을 하였다.

⑥ 계열은 이과계열 중 자연계열을 선택하였고 학과는 산림과학을 전공하고 있다.

⑦ 처음부터 계획하여 진학하였으며, 학과를 선택시 적성에 맞추어 하였다.

⑧ 진학시 멘토자는 '나'라고 응답하였으며, 학교와 학과 중 어느 것이 중요한가에서 '모른다'라고 응답하였다.

⑨ 자신이 전공한 분야로 직업을 선택할 것인가를 묻는 질문에 '반반' 이라고 응답하였다. 훗날 직업은 교수라 응답하였다.

⑩ 대운의 에너지는 1점이고 세운의 에너지는 8점에 해당하였다.

17. 상관격과 공학계열

건명, 1990년 甲申월 20일 午시

時	日	月	年	대운	세운
丙 午	丁 未	甲 申	庚 午	10 乙 酉	08 戊 子

◆ 丁일간이 申월에 태어나 실령을 하였으나 득세하였다.

◆ 신강구조이며 土가 필요한 구조이다.

◆ 식신생재의 구조가 발달하였다.

① 격국은 월지 지장간 중 자신의 본기는 초기생에 해당하여 戊를 격으로 취한다.

② 상관격에 해당하는 학생이다.

③ 진학하는 해의 대운은 酉金에 해당하고 십성으로는 정재에 해당한다.

④ 대학을 진학하는 해의 세운 천간을 보면 戊土는 상관에 해당한다.

⑤ 서울대에 수시 2차로 합격을 하였다.

⑥ 계열은 이과계열 중 자연계열을 선택하였고 학과는 정보공학을 전공하고 있다.

⑦ 처음부터 계획하지 않았으며, 학과를 선택시 '모른다' 에 응답하였다.

⑧ 진학시 멘토자는 '나' 라고 응답하였으며, 학교와 학과 중 어느 것이 중요한가에서 학교라고 응답하였다.

⑨ 자신이 전공한 분야로 직업을 선택할 것인가를 묻는 질문에 '네' 라고 응답하였다. 훗날 직업은 '모른다' 라 응답하였다.

⑩ 대운의 에너지는 9점이고 세운의 에너지는 1점에 해당하였다.

18. 편재격과 인문계열

건명, 1993년 8월 00일 丑시

時	日	月	年
辛	丁	辛	癸
丑	巳	酉	酉

대운
18
己
未

세운
08
辛
卯

◆ 丁일간이 酉월에 태어나 실령을 하였으며 실세하였다.

◆ 신약구조이며 火가 필요한 구조이다.

◆ 재생관의 구조가 발달하였다.

◆ 火가 태약하다. 일지의 巳도 월지 酉와 합을 하여 일간을 돕지 못한다. 부득이 나를 버리고 土, 金을 따라야 하는 명조이다.

① 격국은 월지 지장간 중 자신의 본기는 정기생에 해당하여 辛을 격으로 취한다.

② 편재격에 해당하는 학생이다.

③ 진학하는 해의 대운은 己土에 해당하고 십성으로는 식신에 해당한다.

④ 대학을 진학하는 해의 세운 천간을 보면 辛金은 편재에 해당한다.

⑤ 서울대에 수시 1차로 합격을 하였다.

⑥ 계열은 문과계열 중 인문계열을 선택하였고 학과는 중국어학을 전공하고 있다.

⑦ 처음부터 계획하였으며, 학과를 선택시 적성에 맞아 선택하였다고 응답하였다.

⑧ 진학시 멘토자는 부모님이라고 응답하였으며, 학교와 학과 중 어느 것이 중요한가에서 학교라고 응답하였다.

⑨ 자신이 전공한 분야로 직업을 선택할 것인가를 묻는 질문에 '네' 라고 응답하였다. 훗날 직업은 직장이라 응답하였다.

⑩ 대운의 에너지는 10점이고 세운의 에너지는 4점에 해당하였다.

■ 지지가 巳酉丑 金局으로 이루어져 있고 일간을 돕는 木이 없을 경우
  억부용신을 그대로 취할것인가, 아니면 세력을 따라갈 것인가! 이 경
  우는 木이 들어오면 金이 산산조각을 낼 것이고, 火가 들어오면 꺼 버
  릴 것이고, 水가 오면 반길 것으로 판단하였다.

■ 음간은 자기를 도와주지 못하고 다른 세력이 왕하면 그 세력을 따라
  가는 것으로 해석하였다.

19. 편재격과 사회계열

건명, 1985년 壬午월 24일 未시

時	日	月	年	대운	세운
丁	壬	壬	乙	12 庚辰	03 癸未
未	午	午	丑		

◆ 壬일간이 午월에 태어나 실령을 하였으며 실지하였다.

◆ 신약구조이며 金이 필요한 구조이다.

◆ 재생관의 구조가 발달하였다.

◆ 水가 약하다. 월간의 水가 그나마 위로가 되지만 水의 뿌리인 金이 연지
  장간에 辛金이 있지만 약하다.

① 격국은 월지 지장간 중 자신의 본기는 초기생에 해당하여 丙을 격으로 취한다.

② 편재격에 해당하는 학생이다.

③ 진학하는 해의 대운은 辰에 해당하고 십성으로는 편관에 해당한다.

④ 대학을 진학하는 해의 세운 천간을 보면 癸水는 겁재에 해당한다.

⑤ 서울대에 정시로 합격을 하였다.

⑥ 계열은 문과계열 중 사회계열을 선택하였고 학과는 경제학을 전공하고 있다.

⑦ 처음부터 계획하였으며, 학과를 선택시 적성에 맞아 선택하였다고 응답하였다.

⑧ 진학시 멘토자는 '나' 라고 응답하였으며, 학교와 학과 중 어느 것이 중요한가에서 학과라고 응답하였다.

⑨ 자신이 전공한 분야로 직업을 선택할 것인가를 묻는 질문에 '반반' 이라고 응답하였다. 훗날 직업은 공무원이라 응답하였다.

⑩ 대운의 에너지는 5점이고 세운의 에너지는 6점에 해당하였다.

⑪ 대학원 박사과정 중이다.

20. 편재격과 교육계열

건명, 1991년 1월 庚申일 未시

時	日	月	年	대운	세운
戊	庚	庚	辛	15	08
寅	申	寅	未	戊子	戊子

◆ 庚일간이 寅월에 태어나 실령을 하였으나 득지, 득세를 하였다.

◆ 신강구조이며 水가 필요한 구조이다.

◆ 비겁이 왕한 구조로 발달하였다.

◆ 木이 약하다. 월지의 木이 좌불안석이다. 木을 용하자니 沖이 되어 사용하기가 어렵다. 차라리 金의 세력으로 종하는 것이 필요하다고 판단된다. 金과 土를 반기는 것으로 판단하였다.

① 격국은 월지 지장간 중 자신의 본기는 정기생에 해당하여 甲을 격으로 취한다.

② 편재격에 해당하는 학생이다.

③ 진학하는 해의 대운은 戊에 해당하고 십성으로는 편인에 해당한다.

④ 대학을 진학하는 해의 세운 천간을 보면 戊는 편인에 해당한다.

⑤ 서울대에 정시로 합격을 하였다.

⑥ 계열은 문과계열 중 교육계열을 선택하였고 학과는 수학교육학을 전공하고 있다.

⑦ 처음부터 계획하였으며, 학과를 선택시 적성에 맞아 선택하였다고
응답하였다.

⑧ 진학시 멘토자는 부모님이라고 응답하였으며, 학교와 학과 중 어
느 것이 중요한가에서 학교라고 응답하였다.

⑨ 자신이 전공한 분야로 직업을 선택할 것인가를 묻는 질문에 '네' 라
고 응답하였다. 훗날 직업은 공무원이라 응답하였다.

⑩ 대운의 에너지는 2점이고 세운의 에너지는 2점에 해당하였다.

⑪ 대학원 박사과정 중이다.

21. 편재격과 자연계열

건명, 1993년 11월 00일 시 : 모름

◈ 己일간이 子월에 태어나 실령을 하였으나 득지를 하였다. 나를 도와주는
세력이 약하다.

◈ 이 경우는 천간이 甲己습화 土가 되었고 지지도 子丑습이 되어 갑기합
화 토격으로 판단하여 신강구조로 판단하였다.

◈ 金水운을 좋게 판단하였다.

① 격국은 월지 지장간 중 자신의 본기는 정기생에 해당하여 癸를 격으로 취한다.

② 편재격에 해당하는 학생이다.

③ 진학하는 해의 대운은 壬에 해당하고 십성으로는 정재에 해당한다.

④ 대학을 진학하는 해의 세운 천간을 보면 辛은 식신에 해당한다.

⑤ 서울대에 수시 1차로 합격을 하였다.

⑥ 계열은 이과계열 중 자연계열을 선택하였고 학과는 물리천문학을 전공하고 있다.

⑦ 처음부터 계획하였으며, 학과를 선택시 적성에 맞아 선택하였다고 응답하였다.

⑧ 진학시 멘토자는 '나' 라고 응답하였으며, 학교와 학과 중 어느 것이 중요한가에서 학과라고 응답하였다.

⑨ 자신이 전공한 분야로 직업을 선택할 것인가를 묻는 질문에 '네' 라고 응답하였다. 훗날 직업은 교수라 응답하였다.

⑩ 대운의 에너지는 6점이고 세운의 에너지는 4점에 해당하였다.

☯ 연구점

■ 위 구조는 겉으로는 아주 약하게 나타난다. 그런데 천간을 보면 甲己합 戊土가 되고, 월지 子와 일지 丑이 土로 변화가 되었다. 연지에 水가 있다면 土가 아닌 水로 가겠지만 金이 버티고 있어 金의 입장에서는 子가 土로 구성되는 것을 더 선호하는 것으로 판단하였다.

■ 이런 구조에 대해 많은 학자들이 연구할 필요성을 가졌다.

22. 편재격과 공학계열

곤명, 1994년 戊辰월 25일 卯시

時	日	月	年
辛	辛	戊	甲
卯	酉	辰	戌

대운
11
丙
寅

세운
11
辛
卯

◈ 辛일간이 辰월에 태어나 득령을 하였고 득지를 하였다.

◈ 신강구조로 구성되어 있다.

◈ 水, 木, 火운을 용하였다.

① 격국은 월지 지장간 중 자신의 본기는 초기생에 해당하여 乙을 격으로 취한다.

② 편재격에 해당하는 학생이다.

③ 진학하는 해의 대운은 寅에 해당하고 십성으로는 정재에 해당한다.

④ 대학을 진학하는 해의 세운 천간을 보면 辛은 비견에 해당한다.

⑤ 서울대에 입학사정관제로 합격을 하였다.

⑥ 계열은 이과계열 중 공학계열을 선택하였고 학과는 건설환경공학을 전공하고 있다.

⑦ 처음부터 계획하였으며, 학과를 선택시 성적에 맞추어 선택하였다고 응답하였다.

⑧ 진학시 멘토자는 담임이라고 응답하였으며, 학교와 학과 중 어느

것이 중요한가에서 학교라고 응답하였다.

⑨ 자신이 전공한 분야로 직업을 선택할 것인가를 묻는 질문에 '네'라고 응답하였다. 훗날 직업은 직장이라 응답하였다.

⑩ 대운의 에너지는 3점이고 세운의 에너지는 1점에 해당하였다.

23. 정재격과 인문계열

곤명, 1994년 00월 14일 시 : 모름

時	日	月	年	대운	세운
庚	丁	甲		16	12
戌	卯	戌		乙	壬
				丑	辰

◆ 庚일간이 卯월에 태어나 실령을 하였고 득지를 하였다.

◆ 신약구조로 구성되어 있다.

◆ 土, 金운을 용하였다.

◆ 재생관의 구조가 발달하였다.

① 격국은 월지 지장간 중 자신의 본기는 정기생에 해당하여 乙을 격으로 취한다.

② 정재격에 해당하는 학생이다.

③ 진학하는 해의 대운은 乙에 해당하고 십성으로는 정재에 해당한다.

④ 대학을 진학하는 해의 세운 천간을 보면 壬은 식신에 해당한다.

⑤ 서울대에 수시 2차로 합격을 하였다.

⑥ 계열은 문과계열 중 인문계열을 선택하였고 학과는 영어영문학을 전공하고 있다.

⑦ 처음부터 계획하였으며, 학과를 선택시 적성에 맞추어 선택하였다고 응답하였다.

⑧ 진학시 멘토자는 상담교사라고 응답하였으며, 학교와 학과 중 어느 것이 중요한가에서 학교라고 응답하였다.

⑨ 자신이 전공한 분야로 직업을 선택할 것인가를 묻는 질문에 '모른다' 라고 응답하였다. 훗날 직업은 공무원이라 응답하였다.

⑩ 대운의 에너지는 5점이고 세운의 에너지는 6점에 해당하였다.

■ 지지가 卯戌합이 되어 관성이 왕하여 문과로 진학을 한 것이 유리하였다고 볼 수 있었다.

24. 정재격과 사회계열

곤명, 1993년 乙卯월 28일 시 : 모름

時	日	月	年
庚	乙	癸	癸
子	卯	卯	酉

대운	세운
15	11
丁	辛
巳	卯

◈ 庚일간이 卯월에 태어나 실령을 하였고 실지를 하였다.

◈ 신약구조로 구성되어 있다.

◈ 土, 金운을 용하였다.

◈ 상관생재의 구조가 발달하였다.

① 격국은 월지 지장간 중 자신의 본기는 정기생에 해당하여 乙을 격으로 취한다.

② 정재격에 해당하는 학생이다.

③ 진학하는 해의 대운은 丁에 해당하고 십성으로는 정관에 해당한다.

④ 대학을 진학하는 해의 세운 천간을 보면 辛은 겁재에 해당한다.

⑤ 서울대에 수시 1차로 합격을 하였다.

⑥ 계열은 문과계열 중 사회계열을 선택하였고 학과는 언론정보학을 전공하고 있다.

⑦ 처음부터 계획하였으며, 학과를 선택시 적성에 맞아 선택하였다고 응답하였다.

⑧ 진학시 멘토자는 '나' 라고 응답하였으며, 학교와 학과 중 어느 것이 중요한가에서 학과라고 응답하였다.

⑨ 자신이 전공한 분야로 직업을 선택할 것인가를 묻는 질문에 '아니다' 라고 응답하였다. 훗날 직업은 '모르겠다' 라고 응답하였다.

⑩ 대운의 에너지는 9점이고 세운의 에너지는 3점에 해당하였다(전년도 세운의 에너지보다 상승하고 있음).

■ 일지 상관을 깔고 있어 언어나 표현력이 매우 뛰어나고 지지가 제왕

성과 도화로 구성되어 인기가 많을것이다. 이렇게 신약한 구조라 하더라도 자신의 특성을 바탕으로 학과를 선택한 것은 매우 바람직하다고 판단하였다.

25. 정재격과 교육계열

곤명, 1990년 7월 丙申일 시 : 모름

時	日	月	年	대운	세운
丙 申	乙 酉	庚 午		18 丁 巳	08 戊 子

◆ 丙일간이 酉월에 태어나 실령을 하였으나 실지하였다.

◆ 신약구조이며 木이 필요한 구조이다.

◆ 金이 왕하니 火가 필요하다.

① 격국은 월지 지장간 중 자신의 본기는 정기생에 해당하여 辛을 격으로 취한다.

② 정재격에 해당하는 학생이다.

③ 진학하는 해의 대운은 丁火에 해당하고 십성으로는 겁재에 해당한다.

④ 대학을 진학하는 해의 세운 천간을 보면 戊土는 식신에 해당한다.

⑤ 서울대에 정시로 합격을 하였다.

⑥ 계열은 문과계열 중 교육계열을 선택하였고 학과는 생물 교육학을

전공하고 있다.

⑦ 처음부터 계획하지 않았으며, 학과를 선택시 '적성에 맞아서' 라고
응답하였다.

⑧ 진학시 멘토자는 '나' 라고 응답하였으며, 학교와 학과 중 어느 것
이 중요한가에서 '잘모름' 이라고 응답하였다.

⑨ 자신이 전공한 분야로 직업을 선택할 것인가를 묻는 질문에 '모
름' 이라고 응답하였다. 훗날 직업은 교수라 응답하였다.

⑩ 대운의 에너지는 12점이고 세운의 에너지는 3점에 해당하였다.

⑪ 대학원 과정의 학생이다.

26. 정재격과 자연계열

건명, 1986년 00월 26일 시 : 모름

時	日	月	年	대운	세운
丁 未	丙 申	丙 寅		13 戊 戌	06 丙 戌

◆ 丁일간이 申월에 태어나 실령을 하였으며 통근하였다.

◆ 신강구조이며 土가 필요한 구조이다.

◆ 식신생재의 구조가 발달하였다.

◆ 火가 왕하여 土와 金으로 열기를 식혀주어야 한다.

① 격국은 월지 지장간 중 자신의 본기는 정기생에 해당하여 庚을 격으로 취한다.

② 정재격에 해당하는 학생이다.

③ 진학하는 해의 대운은 戊土에 해당하고 십성으로는 상관에 해당한다.

④ 대학을 진학하는 해의 세운 천간을 보면 丙火는 겁재에 해당한다.

⑤ 서울대에 수시 2차로 합격을 하였다.

⑥ 계열은 이과계열 중 자연계열을 선택하였고 학과는 원예조경학을 전공하고 있다.

⑦ 성적에 맞추어 선택하였다고 응답하였다.

⑧ 진학시 멘토자는 '나' 라고 응답하였으며, 학교와 학과 중 어느 것이 중요한가에서 '모른다' 라고 응답하였다.

⑨ 자신이 전공한 분야로 직업을 선택할 것인가를 묻는 질문에 '모름' 이라고 응답하였다. 훗날 직업은 자영업이라 응답하였다.

⑩ 대운의 에너지는 6점이고 세운의 에너지는 6점에 해당하였다.

⑪ 현재 대학원에서 공부 중이다.

27. 정재격과 공학계열

건명, 1989년 11월 戊午일 戌시

時	日	月	年		대운	세운
壬	戊	丙	己		16	06
戌	午	子	巳		甲戌	丙戌

◈ 戊일간이 子월에 태어나 실령을 하였으나 득지를 하였고 득세를 하였다.

◈ 신강구조이며 金, 水가 필요하다.

① 격국은 월지 지장간 중 자신의 본기는 정기생에 해당하여 癸를 격
  으로 취한다.

② 정재격에 해당하는 학생이다.

③ 진학하는 해의 대운은 甲木에 해당하고 십성으로는 편관에 해당한다.

④ 대학을 진학하는 해의 세운 천간을 보면 丙火는 편인에 해당한다.

⑤ 서울대에 수시 1차로 합격을 하였다.

⑥ 계열은 이과계열 중 공학계열을 선택하였고 학과는 재료공학을 전
  공하고 있다.

⑦ 성적에 맞추어 선택하였다고 응답하였다.

⑧ 진학시 멘토자는 '나'라고 응답하였으며, 학교와 학과 중 어느 것
  이 중요한가에서 학과라고 응답하였다.

⑨ 자신이 전공한 분야로 직업을 선택할 것인가를 묻는 질문에 '아님'
  이라고 응답하였다. 훗날 직업은 자영업이라 응답하였다.

⑩ 대운의 에너지는 5점이고 세운의 에너지는 5점에 해당하였다.

⑪ 대운과 세운이 관인으로 이루어질 때 진학을 하였다.

28. 편관격과 인문계열

곤명, 1992년 7월 00일 巳시

時	日	月	年
乙	壬	戊	壬
巳	戌	申	申

대운
12 丙午

세운
10 庚寅

◈ 壬일간이 申월에 태어나 득령을 하였고 통근을 하였다.

◈ 월간 戊土가 월지 申을 생하여 金이 왕하고 일지 戌 중에는 辛이 일간에 정인이 되어 통근하였고 시지 巳는 庚金의 생조로 구성되어 있다.

◈ 신강구조로 구성되어 있다.

◈ 木, 火, 土운을 용하였다.

◈ 관인상생의 구조가 발달하였다.

① 격국은 월지 지장간 중 자신의 본기는 초기생에 해당하여 戊를 격으로 취한다.

② 편관격에 해당하는 학생이다.

③ 진학하는 해의 대운은 丙에 해당하고 십성으로는 편재에 해당한다.

④ 대학을 진학하는 해의 세운 천간을 보면 庚은 편인에 해당한다.

⑤ 서울대에 수시 1차로 합격을 하였다.

⑥ 계열은 문과계열 중 인문계열을 선택하였고 학과는 영어영문학을 전공하고 있다.

⑦ 처음부터 계획하였으며, 학과를 선택시 성적에 맞추어 선택하였다고 응답하였다.

⑧ 진학시 멘토자는 '나' 라고 응답하였으며, 학교와 학과 중 어느 것이 중요한가에서 학교라고 응답하였다.

⑨ 자신이 전공한 분야로 직업을 선택할 것인가를 묻는 질문에 '아니다' 라고 응답하였다. 훗날 직업은 직장이라고 응답하였다.

⑩ 대운의 에너지는 3점이고 세운의 에너지는 4점에 해당하였다.

29. 편관격과 사회계열

건명, 1989년 12월 癸未일 시 : 모름

時	日	月	年		대운	세운
癸	丁	己			14	07
未	丑	巳			乙	丁
					亥	亥

◈ 癸일간이 丑월에 태어나 뿌리를 갖고 있지만 실령하였다. 일지도 未土로 실지하였다.

◈ 신약구조로 구성되어 있다.

◈ 金, 水운을 용하였다(월지 丑土 癸. 辛).

◈ 재생관의 구조가 발달하였다.

① 격국은 월지 지장간 중 자신의 본기는 정기생에 해당하여 己를 격으로 취한다.

② 편관격에 해당하는 학생이다.

③ 진학하는 해의 대운은 亥에 해당하고 십성으로는 겁재에 해당한다.

④ 대학을 진학하는 해의 세운 천간을 보면 丁은 편재에 해당한다.

⑤ 서울대에 정시로 합격을 하였다.

⑥ 계열은 문과계열 중 사회계열을 선택하였고 학과는 법학을 전공하고 있다.

⑦ 처음부터 계획하였으며, 학과를 선택시 성적에 맞추어 선택하였다고 응답하였다.

⑧ 진학시 멘토자는 부모님이라고 응답하였으며, 학교와 학과 중 어느 것이 중요한가에서 '모름' 이라고 응답하였다.

⑨ 자신이 전공한 분야로 직업을 선택할 것인가를 묻는 질문에 '아니다' 라고 응답하였다. 훗날 직업은 공무원이라고 응답하였다.

⑩ 대운의 에너지는 12점이고 세운의 에너지는 12점에 해당하였다.

30. 편관격과 교육계열

건명, 1988년 5월 辛亥일 寅시

時	日	月	年	대운	세운
庚	辛	戊	戊	14	06
寅	亥	午	辰	乙亥	丙戌

◈ 辛일간이 午월에 태어나 실령하였다. 일지도 亥水로 실지하였다.

◈ 천간의 세력이 土金으로 구성되어 신강구조이다. 월지 午火가 월간을 생하고 있다.

◈ 水, 木, 火운을 용하였다.

◈ 관인상생의 구조가 발달하였다.

① 격국은 월지 지장간 중 자신의 본기는 정기생에 해당하여 丁火를 격으로 취한다.

② 편관격에 해당하는 학생이다.

③ 진학하는 해의 대운은 亥에 해당하고 십성으로는 상관에 해당한다.

④ 대학을 진학하는 해의 세운 천간을 보면 丙은 정관에 해당한다.

⑤ 서울대에 정시로 합격을 하였다.

⑥ 계열은 문과계열 중 교육계열을 선택하였고 학과는 지구환경교육학을 전공하고 있다.

⑦ 처음부터 계획하였으며, 학과를 선택시 적성에 맞아 선택하였다고 응답하였다.

⑧ 진학시 멘토자는 '나'라고 응답하였으며, 학교와 학과 중 어느 것이 중요한가에서 학과라고 응답하였다.

⑨ 자신이 전공한 분야로 직업을 선택할 것인가를 묻는 질문에 '네'라고 응답하였다. 훗날 직업은 공무원이라고 응답하였다.

⑩ 대운의 에너지는 7점이고 세운의 에너지는 10점에 해당하였다.

31. 편관격과 자연계열

곤명, 1991년 6월 癸卯일 시 : 모름

時	日	月	年
癸	乙	辛
卯	未	未

대운	세운
12	09
丁	己
酉	丑

◈ 癸일간이 未월에 태어나 실령하였다. 일지도 卯로 실지하였다.

◈ 신약구조로 이루어져 있다.

◈ 金, 水운을 용하였다.

◈ 식신제살의 구조가 발달하였다.

① 격국은 월지 지장간 중 자신의 본기는 정기생에 해당하여 己土를 격으로 취한다.

② 편관격에 해당하는 학생이다.

③ 진학하는 해의 대운은 酉에 해당하고 십성으로는 편인에 해당한다.

④ 대학을 진학하는 해의 세운 천간을 보면 己는 편관에 해당한다.

⑤ 서울대에 수시 1차로 합격을 하였다.

⑥ 계열은 이과계열 중 자연계열을 선택하였고 학과는 산림환경학을 전공하고 있다.

⑦ 계열변동이 있었으며, 학과를 선택시 성적에 맞추어 선택하였다고 응답하였다.

⑧ 진학시 멘토자는 '나'라고 응답하였으며, 학교와 학과 중 어느 것이 중요한가에서 학과라고 응답하였다.

⑨ 자신이 전공한 분야로 직업을 선택할 것인가를 묻는 질문에 '네'라고 응답하였다. 훗날 직업은 공무원이라고 응답하였다.

⑩ 대운의 에너지는 4점이고 세운의 에너지는 10점에 해당하였다.

32. 편관격과 공학계열

건명, 1990년 00월 2일 시 : 모름

時	日	月	年	대운	세운
癸	丁	己	己	18	09
巳	丑	丑	巳	乙	戊
				亥	子

◈ 癸일간이 丑월에 태어나 실령을 하였고 실지를 하였다.

◈ 신약구조이며 金, 水가 필요하다.

① 격국은 월지 지장간 중 자신의 본기는 정기생에 해당하여 己土를 격으로 취한다.

② 편관격에 해당하는 학생이다.

③ 진학하는 해의 대운은 乙木에 해당하고 십성으로는 식신에 해당한다.

④ 대학을 진학하는 해의 세운 천간을 보면 戊土는 정관에 해당한다.

⑤ 서울대에 수시 2차로 합격을 하였다.

⑥ 계열은 이과계열 중 공학계열을 선택하였고 학과는 조선해양공학을 전공하고 있다.

⑦ 성적에 맞추어 선택하였다고 응답하였다.

⑧ 진학시 멘토자는 '나' 라고 응답하였으며, 학교와 학과 중 어느 것이 중요한가에서 학교라고 응답하였다.

⑨ 자신이 전공한 분야로 직업을 선택할 것인가를 묻는 질문에 '아님' 이라고 응답하였다. 훗날 직업은 '모름' 이라고 응답하였다.

⑩ 대운의 에너지는 5점이고 세운의 에너지는 5점에 해당하였다.

⑪ 대운 亥, 세운 子, 월지 丑으로 해자축 수국이 되었다.

33. 정관격과 인문계열

곤명, 1993년 00월 21일 未시

時	日	月	年		대운	세운
丁	壬	戊	癸		19	11
未	戌	午	酉		庚	辛
					申	卯

◆ 壬일간이 午월에 태어나 실령을 하였고 실지를 하였다.

◆ 신약구조이며 金, 水가 필요하다.

◆ 재생관의 구조가 발달되었다.

① 격국은 월지 지장간 중 자신의 본기는 초기생에 해당하여 己土를 격으로 취한다.

② 정관격에 해당하는 학생이다.

③ 진학하는 해의 대운은 庚金에 해당하고 십성으로는 편인에 해당한다.

④ 대학을 진학하는 해의 세운 천간을 보면 辛金은 정인에 해당한다.

⑤ 서울대에 입학사정관제로 합격을 하였다.

⑥ 계열은 문과계열 중 인문계열을 선택하였고 학과는 국어국문학을 전공하고 있다.

⑦ 성적에 맞추어 선택하였다고 응답하였다.

⑧ 진학시 멘토자는 부모님이라고 응답하였으며, 학교와 학과 중 어느 것이 중요한가에서 학교라고 응답하였다.

⑨ 자신이 전공한 분야로 직업을 선택할 것인가를 묻는 질문에 '모름'이라고 응답하였다. 훗날 직업은 '모름'이라고 응답하였다.

⑩ 대운의 에너지는 9점이고 세운의 에너지는 2점에 해당하였다.

⑪ 신약구조에 인성운을 만났다.

34. 정관격과 사회계열

곤명, 1992년 7월 00일 시 : 모름

時	日	月	年		대운	세운
乙	戊		壬		14	10
亥	申	申	申		丙午	庚寅

◈ 乙일간이 申월에 태어나 실령을 하였고 득지를 하였다.

◈ 신약구조이며 木, 火가 필요하다. 金이 왕한 경우는 火가 있어야 실속이 있다.

◈ 관인상생의 구조가 발달되었다.

① 격국은 월지 지장간 중 자신의 본기는 정기생에 해당하여 庚金을 격으로 취한다.

② 정관격에 해당하는 학생이다.

③ 진학하는 해의 대운은 午火에 해당하고 십성으로는 식신에 해당한다.

④ 대학을 진학하는 해의 세운 천간을 보면 庚金은 정관에 해당한다.

⑤ 서울대에 입학사정관제로 합격을 하였다.

⑥ 계열은 문과계열 중 사회계열을 선택하였고 학과는 경제학을 전공하고 있다.

⑦ 성적에 맞추어 선택하였다고 응답하였다.

⑧ 진학시 멘토자는 '나' 라고 응답하였으며, 학교와 학과 중 어느 것이 중요한가에서 학교라고 응답하였다.

⑨ 자신이 전공한 분야로 직업을 선택할 것인가를 묻는 질문에 '반반'이라고 응답하였다. 훗날 직업은 직장이라 응답하였다.

⑩ 대운의 에너지는 9점이고 세운의 에너지는 12점에 해당하였다.

35. 정관격과 교육계열

곤명, 1990년 11월 00일 巳시

時	日	月	年
癸	丙	戊	庚
巳	辰	子	午

대운
13
丙
戌

세운
08
戊
子

◈ 丙일간이 子월에 태어나 실령을 하였고 실지를 하였다.

◈ 신약구조이며 木, 火가 필요하다.

◈ 식신생재의 구조가 발달되었다.

① 격국은 월지 지장간 중 자신의 본기는 초기생에 해당하여 癸를 격으로 취한다.

② 정관격에 해당하는 학생이다.

③ 진학하는 해의 대운은 戊土에 해당하고 십성으로는 식신에 해당한다.

④ 대학을 진학하는 해의 세운 천간을 보면 戊土는 식신에 해당한다.

⑤ 서울대에 수시 2차로 합격을 하였다.

⑥ 계열은 문과계열 중 교육계열을 선택하였고 학과는 영어교육학을 전공하고 있다.

⑦ 부모님이 가라고 하여 선택하였다고 응답하였다.

⑧ 진학시 멘토자는 부모님이라고 응답하였으며, 학교와 학과 중 어느 것이 중요한가에서 학교라고 응답하였다.

⑨ 자신이 전공한 분야로 직업을 선택할 것인가를 묻는 질문에 '모름'이라고 응답하였다. 훗날 직업은 공무원이라 응답하였다.

⑩ 대운의 에너지는 5점이고 세운의 에너지는 3점에 해당하였다.

🔵 연구점

■ 신약구조에 木이 없다. 그런데도 어떻게 명문대를 진학하였는지 답을 내리기가 매우 어렵다.

■ 월지와 일지가 子-辰 水局이 되어 책임감이 강하게 작용하였고, 세운에서도 子-辰이 되어 책임감이 더욱 커지고 한 길로 매진하도록 모친이 보이지 않게 격려와 용기를 준 것으로 예측하였다.

■ 火대운은 일간을 돕는 오행으로 희신의 작용을 하였다고 판단하였다.

■ 학과를 선택하는 데에도 부모님의 권유로 선택하였다고 한다. 辰土 속의 乙(모친)이 뿌리에 해당하기도 한다.

36. 정관격과 자연계열

건명, 1988년 甲子월 19일 시 : 모름

時	日	月	年
丙	甲	戊	
辰	子	子	辰

대운
13
丙
寅

세운
06
丙
戌

◆ 丙일간이 子월에 태어나 실령을 하였고 실지를 하였다.

◆ 신약구조이며 木, 火가 필요하다.

◆ 관인상생의 구조가 발달되었다.

① 격국은 월지 지장간 중 자신의 본기는 정기생에 해당하여 癸를 격으로 취한다.

② 정관격에 해당하는 학생이다.

③ 진학하는 해의 대운은 寅木에 해당하고 십성으로는 편인에 해당한다.

④ 대학을 진학하는 해의 세운 천간을 보면 丙火는 비견에 해당한다.

⑤ 서울대에 정시로 합격을 하였다.

⑥ 계열은 이과계열 중 자연계열을 선택하였고 학과는 농업생명학을 전공하고 있다.

⑦ 성적에 맞추어 선택하였다고 응답하였다.

⑧ 진학시 멘토자는 담임이라고 응답하였으며, 학교와 학과 중 어느 것이 중요한가에서 학과라고 응답하였다.

⑨ 자신이 전공한 분야로 직업을 선택할 것인가를 묻는 질문에 '모름'이라고 응답하였다. 훗날 직업은 직장이라 응답하였다.

⑩ 대운의 에너지는 9점이고 세운의 에너지는 5점에 해당하였다.

37. 정관격과 공학계열

건명, 1988년 12월 壬午일 시 : 모름

◈ 壬일간이 丑월에 태어나 실령을 하였고 실지를 하였다.

◈ 일간의 뿌리는 월지 丑에 있다.

◈ 신약구조이며 金, 水가 필요하다.

◈ 관인상생의 구조가 발달되었다.

① 격국은 월지 지장간 중 자신의 본기는 정기생에 해당하여 己를 격으로 취한다.

② 정관격에 해당하는 학생이다.

③ 진학하는 해의 대운은 亥에 해당하고 십성으로는 비견에 해당한다.

④ 대학을 진학하는 해의 세운 천간을 보면 己土는 정관에 해당한다.

⑤ 서울대에 수시 2차로 합격을 하였다.

⑥ 계열은 이과계열 중 공학계열을 선택하였고 학과는 화학공학을 전공하고 있다.

⑦ 적성에 맞아 선택하였다고 응답하였다.

⑧ 진학시 멘토자는 '나' 라고 응답하였으며, 학교와 학과 중 어느 것

이 중요한가에서 학교라고 응답하였다.

⑨ 자신이 전공한 분야로 직업을 선택할 것인가를 묻는 질문에 '네'라고 응답하였다. 훗날 직업은 교수라고 응답하였다.

⑩ 대운의 에너지는 11점이고 세운의 에너지는 8점에 해당하였다.

■ 丑土 속에 癸水와 辛金이 있어 통근은 하였으나 일지 午火가 녹이고 있고, 연지 未土가 조열하여 丑土는 월간 辛에게 도움을 요청하는 형국이다.

38. 편인격과 인문계열

곤명, 1992년 庚戌월 25일 卯시

時	日	月	年	대운	세운
丁	己	庚	壬	14	10
卯	巳	戌	申	戊申	庚寅

◈ 己일간이 戌월에 태어나 득령을 하였고 득지를 하였다.

◈ 일간의 뿌리는 월지 丑에 있다.

◈ 신강구조이며 金, 水가 필요하다.

◈ 상관생재의 구조가 초년에 구성되어 있다.

① 격국은 월지 지장간 중 자신의 본기는 중기생에 해당하여 丁을 격으로 취한다.

② 편인격에 해당하는 학생이다.

③ 진학하는 해의 대운은 申에 해당하고 십성으로는 상관에 해당한다.

④ 대학을 진학하는 해의 세운 천간을 보면 庚金은 상관에 해당한다.

⑤ 서울대에 정시로 합격을 하였다.

⑥ 계열은 문과계열 중 인문계열을 선택하였고 학과는 영어영문학을 전공하고 있다.

⑦ 성적에 맞추어 선택하였다고 응답하였다.

⑧ 진학시 멘토자는 '나'라고 응답하였으며, 학교와 학과 중 어느 것이 중요한가에서 '모름'이라고 응답하였다.

⑨ 자신이 전공한 분야로 직업을 선택할 것인가를 묻는 질문에 '아님'이라고 응답하였다. 훗날 직업은 직장이라 응답하였다.

⑩ 대운의 에너지는 7점이고 세운의 에너지는 2점에 해당하였다.

39. 편인격과 사회계열

곤명, 1992년 10월 丙申일 未시

◆ 丙일간이 亥월에 태어나 실령을 하였고 실지를 하였다.

◆ 신약구조이며 木, 火가 필요하다.

◆ 재생관의 구조가 발달되었다.

① 격국은 월지 지장간 중 자신의 본기는 중기생에 해당하여 甲을 격으로 취한다.

② 편인격에 해당하는 학생이다.

③ 진학하는 해의 대운은 酉에 해당하고 십성으로는 정재에 해당한다.

④ 대학을 진학하는 해의 세운 천간을 보면 庚金은 편재에 해당한다.

⑤ 서울대에 수시 1차로 합격을 하였다.

⑥ 계열은 문과계열 중 사회계열을 선택하였고 학과는 정치외교학을 전공하고 있다.

⑦ 적성에 맞아 선택하였다고 응답하였다.

⑧ 진학시 멘토자는 '나' 라고 응답하였으며, 학교와 학과 중 어느 것이 중요한가에서 학과라고 응답하였다.

⑨ 자신이 전공한 분야로 직업을 선택할 것인가를 묻는 질문에 '반반' 이라고 응답하였다. 훗날 직업은 '모름' 이라고 응답하였다.

⑩ 대운의 에너지는 2점이고 세운의 에너지는 9점에 해당하였다.

■ 대운이나 세운이 기신운에 해당하였지만 서울대를 수시 1차로 합격하였다. 명리학에서 어떤 내용을 기준하여 유권해석을 해야 올바른지 난해하다.

40. 편인격과 교육계열

곤명, 1989년 甲戌월 21일 巳시

時	日	月	年		대운	세운
丁	癸	甲	己		16	07
巳	丑	戌	巳		丙 子	丁 亥

◈ 癸일간이 丑월에 태어나 통근을 하였지만 실령을 하였다.

◈ 일간의 뿌리는 일지 丑에 있지만 실지하였다.

◈ 戌은 연지 巳火에 의하여 조열하고, 일지 丑土는 시지 巳火에 의하여 土로 잔류한다.

◈ 신약구조이며 金, 水가 필요하다.

◈ 상관제살의 구조가 발달되었다.

① 격국은 월지 지장간 중 자신의 본기는 중기생에 해당하여 辛을 격으로 취한다.

② 편인격에 해당하는 학생이다.

③ 진학하는 해의 대운은 丙에 해당하고 십성으로는 정재에 해당한다.

④ 대학을 진학하는 해의 세운 천간을 보면 丁火는 편재에 해당한다.

⑤ 서울대에 정시로 합격을 하였다.

⑥ 계열은 문과계열 중 교육계열을 선택하였고 학과는 초등교육학을 전공하고 있다.

⑦ 적성에 맞아 선택하였다고 응답하였다.

⑧ 진학시 멘토자는 '나'라고 응답하였으며, 학교와 학과 중 어느 것이 중요한가에서 학과라고 응답하였다.

⑨ 자신이 전공한 분야로 직업을 선택할 것인가를 묻는 질문에 '네'라고 응답하였다. 훗날 직업은 교수라 응답하였다.

⑩ 대운의 에너지는 11점이고 세운의 에너지는 12점에 해당하였다.

41. 편인격과 자연계열

곤명, 1994년 1월 丙戌일 시 : 모름

時	日	月	年	대운	세운
丙戌	丙戌	丙寅	甲戌	18 甲子	12 壬辰

◈ 丙일간이 寅월에 태어나 득령을 하였다.

◈ 월지 戌土가 통근을 하고 득세를 하였다.

◈ 신강구조로 구성되어 있다.

◈ 土, 金, 水운을 용하였다.

① 격국은 월지 지장간 중 자신의 본기는 정기생에 해당하여 甲을 격으로 취한다.

② 편인격에 해당하는 학생이다.

③ 진학하는 해의 대운은 甲에 해당하고 십성으로는 편인에 해당한다.

④ 대학을 진학하는 해의 세운 천간을 보면 壬은 편관에 해당한다.

⑤ 서울대에 수시 1차로 합격을 하였다.

⑥ 계열은 이과계열 중 자연계열을 선택하였고 학과는 동물생명과학을 전공하고 있다.

⑦ 처음부터 계획하였으며, 학과를 선택시 성적에 맞추어 선택하였다고 응답하였다.

⑧ 진학시 멘토자는 '나'라고 응답하였으며, 학교와 학과 중 어느 것이 중요한가에서 학과라고 응답하였다.

⑨ 자신이 전공한 분야로 직업을 선택할 것인가를 묻는 질문에 '네'라고 응답하였다. 훗날 직업은 공무원이라고 응답하였다.

⑩ 대운의 에너지는 3점이고 세운의 에너지는 10점에 해당하였다.

42. 편인격과 공학계열

건명, 1994년 8월 00일 未시

時	日	月	年
辛	壬	癸	甲
未	寅	酉	戌

대운
18
乙
亥

세운
12
壬
辰

◆ 壬일간이 酉월에 태어나 득령을 하였고 통근을 하였다.

◈ 일지는 실지를 하였다.

◈ 신강구조로 구성되어 있다.

◈ 木, 火, 土운을 용하였다.

◈ 관인상생의 구조가 발달하였다.

① 격국은 월지 지장간 중 자신의 본기는 초기생에 해당하여 庚을 격으로 취한다.

② 편인격에 해당하는 학생이다.

③ 진학하는 해의 대운은 乙에 해당하고 십성으로는 상관에 해당한다.

④ 대학을 진학하는 해의 세운 천간을 보면 壬은 비견에 해당한다.

⑤ 서울대에 입학사정관제로 합격을 하였다.

⑥ 계열은 이과계열 중 공학계열을 선택하였고 학과는 건설환경공학을 전공하고 있다.

⑦ 처음부터 계획하였으며, 학과를 선택시 성적에 맞추어 선택하였다고 응답하였다.

⑧ 진학시 멘토자는 상담교사라고 응답하였으며, 학교와 학과 중 어느 것이 중요한가에서 학교라고 응답하였다.

⑨ 자신이 전공한 분야로 직업을 선택할 것인가를 묻는 질문에 '모름'이라고 응답하였다. 훗날 직업은 공무원이라고 응답하였다.

⑩ 대운의 에너지는 11점이고 세운의 에너지는 5점에 해당하였다.

■ 세운의 점수는 전년도보다 높아지고 있었다.

43. 편인격과 의학계열

곤명, 1993년 00월 18일 시 : 모름

時	日	月	年	대운	세운
己	己	己	癸	10	10
丑		未	酉	庚申	庚寅

◆ 己일간이 未월에 태어나 득령을 하였고 통근을 하였다.

◆ 일지 丑土도 득지하였다.

◆ 신강구조로 구성되어 있다.

◆ 金, 水, 木운을 용하였다.

◆ 비겁이 왕하지만 식신생재의 구조가 발달하였다.

① 격국은 월지 지장간 중 자신의 본기는 초기생에 해당하여 丁을 격으로 취한다.

② 편인격에 해당하는 학생이다.

③ 진학하는 해의 대운은 申에 해당하고 십성으로는 상관에 해당한다.

④ 대학을 진학하는 해의 세운 천간을 보면 庚은 상관에 해당한다.

⑤ 서울대에 수시 1차로 합격을 하였다.

⑥ 계열은 이과계열 중 의학계열을 선택하였고 학과는 간호학을 전공하고 있다.

⑦ 처음부터 계획하였으며, 학과를 선택시 성적에 맞추어 선택하였다

고 응답하였다.

⑧ 진학시 멘토자는 '나'라고 응답하였으며, 학교와 학과 중 어느 것이 중요한가에서 학과라고 응답하였다.

⑨ 자신이 전공한 분야로 직업을 선택할 것인가를 묻는 질문에 '네'라고 응답하였다. 훗날 직업은 직장이라고 응답하였다.

⑩ 대운의 에너지는 7점이고 세운의 에너지는 2점에 해당하였다.

44. 정인격과 인문계열

곤명, 1985년 5월 00일 申시

時	日	月	年
丙	丙	癸	乙
申	辰	未	丑

대운
17
乙
酉

세운
04
甲
申

◆ 丙일간이 未월에 태어나 실령을 하였지만 통근을 하였다.

◆ 일지 辰土가 통근하였지만 실지를 하였다. 연, 월, 일이 土로 이루어져 일간의 힘이 많이 설기된다.

◆ 신약구조로 구성되어 있다.

◆ 木, 火운을 용하였다.

◆ 식상이 왕하여 印의 구조가 적합하다.

① 격국은 월지 지장간 중 자신의 본기는 중기생에 해당하여 乙을 격
으로 취한다.

② 정인격에 해당하는 학생이다.

③ 진학하는 해의 대운은 乙에 해당하고 십성으로는 정인에 해당한다.

④ 대학을 진학하는 해의 세운 천간을 보면 甲은 편인에 해당한다.

⑤ 서울대에 정시로 합격을 하였다.

⑥ 계열은 문과계열 중 인문계열을 선택하였고 학과는 국어국문학을
전공하고 있다.

⑦ 처음부터 계획하였으며, 학과를 선택시 성적에 맞추어 선택하였다
고 응답하였다.

⑧ 진학시 멘토자는 담임이라고 응답하였으며, 학교와 학과 중 어느
것이 중요한가에서 학교라고 응답하였다.

⑨ 자신이 전공한 분야로 직업을 선택할 것인가를 묻는 질문에 '모름'
이라고 응답하였다. 훗날 직업은 공무원이라고 응답하였다.

⑩ 대운의 에너지는 2점이고 세운의 에너지는 4점에 해당하였다.

45. 정인격과 사회계열

건명, 1988년 甲子월 27일 시 : 모름

時	日	月	年	대운	세운
甲	甲	甲	戊	11 丙 寅	06 丙 戌
子	子	子	辰		

◈ 甲일간이 子월에 태어나 득령을 하였고 통근을 하였다.

◈ 일지 子水도 득지를 하였다. 월간 甲은 일간과 같은 오행이다.

◈ 신강구조로 구성되어 있다.

◈ 火, 土운을 용하였다.

① 격국은 월지 지장간 중 자신의 본기는 정기생에 해당하여 癸를 격으로 취한다.

② 정인격에 해당하는 학생이다.

③ 진학하는 해의 대운은 寅에 해당하고 십성으로는 비견에 해당한다.

④ 대학을 진학하는 해의 세운 천간을 보면 丙은 식신에 해당한다. 용신운에 해당한다.

⑤ 서울대에 수시 2차로 합격을 하였다.

⑥ 계열은 문과계열 중 사회계열을 선택하였고 학과는 법학을 전공하고 있다.

⑦ 처음부터 계획하였으며, 학과를 선택시 적성에 맞추어 선택하였다고 응답하였다.

⑧ 진학시 멘토자는 '나' 라고 응답하였으며, 학교와 학과 중 어느 것이 중요한가에서 학교라고 응답하였다.

⑨ 자신이 전공한 분야로 직업을 선택할 것인가를 묻는 질문에 '모름' 이라고 응답하였다. 훗날 직업은 '모름' 이라고 응답하였다.

⑩ 대운의 에너지는 11점이고 세운의 에너지는 6점에 해당하였다.

46. 정인격과 교육계열

곤명, 1993년 10월 00일 巳시

時	日	月	年
辛	乙	癸	癸
巳	卯	亥	酉

대운

12
乙
丑

세운

12
壬
辰

◆ 乙일간이 亥월에 태어나 득령을 하였다.

◆ 일지도 일간과 간여지동으로 득지하였다..

◆ 신강구조로 구성되어 있다.

◆ 火, 土, 金운을 용하였다.

◆ 관인상생의 구조가 발달하였다.

① 격국은 월지 지장간 중 자신의 본기는 정기생에 해당하여 壬을 격으로 취한다.

② 정인격에 해당하는 학생이다.

③ 진학하는 해의 대운은 丑에 해당하고 십성으로는 편재에 해당한다.

④ 대학을 진학하는 해의 세운 천간을 보면 壬은 정인에 해당한다.

⑤ 서울대에 정시로 합격을 하였다.

⑥ 계열은 문과계열 중 교육계열을 선택하였고 학과는 외국어교육학을 전공하고 있다.

⑦ 처음부터 계획하였으며, 학과를 선택시 성적에 맞추어 선택하였다고 응답하였다.

⑧ 진학시 멘토자는 상담교사라고 응답하였으며, 학교와 학과 중 어느 것이 중요한가에서 학교라고 응답하였다.

⑨ 자신이 전공한 분야로 직업을 선택할 것인가를 묻는 질문에 '반반' 이라고 응답하였다. 훗날 직업은 직장이라고 응답하였다.

⑩ 대운의 에너지는 8점이고 세운의 에너지는 10점에 해당하였다.

47. 정인격과 자연계열

곤명, 1989년 00월 21일 시 : 모름

時	日	月	年	대운	세운
壬	丁	己	己	16	08
午	丑	丑	巳	己 卯	戊 子

◆ 壬일간이 丑월에 태어나 실령을 하였지만 통근은 하였다.

◆ 일지 午火는 실지를 하였고 원국에서 일간을 돕는 오행이 없다.

◆ 신약구조로 구성되어 있다.

◆ 金, 水운을 용하였다.

◆ 재생관의 구조로 이루어졌다.

① 격국은 월지 지장간 중 자신의 본기는 중기생에 해당하여 辛을 격으로 취한다.

② 정인격에 해당하는 학생이다.

③ 진학하는 해의 대운은 己에 해당하고 십성으로는 정관에 해당한다.

④ 대학을 진학하는 해의 세운 천간을 보면 戊는 편관에 해당한다.

⑤ 서울대에 수시 1차로 합격을 하였다.

⑥ 계열은 이과계열 중 자연계열을 선택하였고 학과는 원예학을 전공하고 있다.

⑦ 성적에 맞추어 선택하였다고 응답하였다.

⑧ 진학시 멘토자는 상담교사라고 응답하였으며, 학교와 학과 중 어느 것이 중요한가에서 학교라고 응답하였다.

⑨ 자신이 전공한 분야로 직업을 선택할 것인가를 묻는 질문에 '네'라고 응답하였다. 훗날 직업은 공무원이라고 응답하였다.

⑩ 대운의 에너지는 2점이고 세운의 에너지는 12점에 해당하였다.

48. 정인격과 공학계열

곤명, 1991년 辛卯월 12일 酉시

◆ 丙일간이 卯월에 태어나 득령을 하였고 통근을 하였다.

◈ 일지는 申 金으로 실지를 하였다. 金이 왕하게 구성되어 다소 약한 구조로 판단하였다.

◈ 신약구조로 구성되어 있다.

◈ 木, 火운을 용하였다.

◈ 상관생재로 이루어졌다.

① 격국은 월지 지장간 중 자신의 본기는 정기생에 해당하여 乙을 격으로 취한다.

② 정인격에 해당하는 학생이다.

③ 진학하는 해의 대운은 巳에 해당하고 십성으로는 비견에 해당한다.

④ 대학을 진학하는 해의 세운 천간을 보면 己는 상관에 해당한다.

⑤ 서울대에 수시 2차로 합격을 하였다.

⑥ 계열은 이과계열 중 공학계열을 선택하였고 학과는 산업공학을 전공하고 있다.

⑦ 성적에 맞추어 선택하였다고 응답하였다.

⑧ 진학시 멘토자는 '나' 라고 응답하였으며, 학교와 학과 중 어느 것이 중요한가에서 학과라고 응답하였다.

⑨ 자신이 전공한 분야로 직업을 선택할 것인가를 묻는 질문에 '모름' 이라고 응답하였다. 훗날 직업은 '모름' 이라고 응답하였다.

⑩ 대운의 에너지는 11점이고 세운의 에너지는 3점에 해당하였다.

48. 정인격과 의학계열

건명, 1992년 6월 庚子일 시 : 모름

時	日	月	年	대운	세운
庚	丁	壬	壬	15	09
子	未	未	申	己 亥	己 丑

◆ 庚일간이 未월에 태어나 득령을 하였고 통근을 하였다.

◆ 일지 子는 실지하였다.

◆ 신약구조로 구성되어 있다.

◆ 土, 金운을 용하였다.

◆ 관인상생의 구조가 발달하였다.

① 격국은 월지 지장간 중 자신의 본기는 정기생에 해당하여 己를 격으로 취한다.

② 정인격에 해당하는 학생이다.

③ 진학하는 해의 대운은 己에 해당하고 십성으로는 정인에 해당한다.

④ 대학을 진학하는 해의 세운 천간을 보면 己는 정인에 해당한다.

⑤ 서울대에 수시 2차로 합격을 하였다.

⑥ 계열은 이과계열 중 의학계열을 선택하였고 학과는 치의예학을 전공하고 있다.

⑦ 처음부터 계획하였으며, 학과를 선택시 적성에 맞아 선택하였다고

응답하였다.

⑧ 진학시 멘토자는 담임이라고 응답하였으며, 학교와 학과 중 어느 것이 중요한가에서 학과라고 응답하였다.

⑨ 자신이 전공한 분야로 직업을 선택할 것인가를 묻는 질문에 '네' 라고 응답하였다. 훗날 직업은 자영업이라고 응답하였다.

⑩ 대운의 에너지는 4점이고 세운의 에너지는 5점에 해당하였다.

⑪ 대운과 세운이 모두 용신운에 해당하였다.

■ 격국과 미술, 음악계열에 대해서는 인원이 적어 나열하지 못했다. 설문조사시 체육계열은 1명도 없었다.

서울대 계절학기 기간에 수업을 하는 재학생을 대상으로 설문조사를 실시한 자료이다. 설문조사에 성실히 임해 주신 분들께 다시 한 번 진심으로 감사를 드린다.

본 서적이 앞으로 진학을 준비하는 학생들에게 꿈과 희망을 심어주는 계기가 되었으면 한다.

맹귀 진화정보론

PART 13

맺는말

맹귀진화정보론

1
요약

본 서에서는 서울대에 진학한 재학생을 대상으로 설문조사를 실시하여 사주를 구성하고 격국과 일간을 기준하여 계열과의 관계를 분석하였다. 각 문항별 응답한 내용을 토대로 분석한 자료를 나열하였다.

명리학은 미래를 예측해 주는 학문이면서 많은 학생들이 진로에 대한 고민과 자신에게 타고난 선천적 기질이나 특성에 대해 제대로 인식하지 못하여 진로를 고민하는 학생들에게 희망을 심어주고 싶었다.

현재 진학을 지도하는 고등학교 3학년 담임교사나 진학상담교사는 학생에 대한 진로 지도가 필요하기에 전국의 중·고등학교에 진학상담교사가 배치되어 있지만 학생들이 어느 정도나 진로에 반영하고 있는가를 규명해 보았다. 나아가서는 자신이 전공한 학과를 기준하여 직업으로 가질 것인가에 대한 내용도 포함시켰다.

N : 306명

구분		진학생이 많은 계열			비고
		사회	자연	공학	
비견	명	11	8	3	22
	%1	50.00	36.36	13.64	
	%2	13.92	9.76	4.62	
겁재	명	5	8	3	16
	%1	31.25	50.00	18.75	
	%2	6.33	9.76	4.62	
식신	명	7	5	7	19
	%1	36.84	26.32	36.84	
	%2	8.86	6.10	10.77	
상관	명	11	6	9	26
	%1	42.31	23.08	34.62	
	%2	13.92	7.32	13.85	
편재	명	1	6	9	16
	%1	6.25	37.5	56.25	
	%2	1.27	7.32	13.85	
정재	명	8	8	10	26
	%1	30.77	30.77	38.46	
	%2	10.13	9.76	15.38	
편관	명	8	8	6	22
	%1	36.36	36.36	27.27	
	%2	10.17	9.76	9.23	
정관	명	7	10	7	24
	%1	29.17	41.67	29.17	
	%2	8.86	12.19	10.77	
편인	명	10	9	7	26
	%1	38.46	34.62	26.92	
	%2	12.66	10.98	10.77	
정인	명	11	14	4	29
	%1	37.93	48.24	13.79	
	%2	13.92	17.07	6.15	
집계	명	79	82	65	226
	%	34.96	36.28	28.76	100

%1은 격국별 빈도, %2는 계열별 빈도

재학생 306명 중 3개 계열로 진학한 학생이 226명으로 73.86%에 해당한다. 그만큼 졸업 후 직업을 가질 수 있는 범위가 넓다는 것을 인식할 수 있었다.

◈ 사회계열에 가장 진학률이 높은 격국으로는 비견격과 상관격이 다른 격국에 비하여 높게 나타났다. 비견격에 해당하는 학생 22명 중 11명이 진학하여 50%를 나타냈고, 상관격에 해당하는 학생은 26명이며, 사회계 진학자는 11명으로 42.31%로 나타났다.

◈ 자연계열로 진학률이 높은 격국으로는 겁재격이 16명 중 8명으로 50%로 높았고, 정인격이 29명 중 14명이 진학하여 48.28%를 차지하였다.

◈ 공학계열은 편재격이 16명 중 9명이 진학하여 50%를 나타냈고, 정재격이 26명 중 10명이 진학하여 38.46%를 나타냈다.

N : 306명

구분		문과		이과	예체능		비고
		인문	교육	의학	미술	음악	
비견	명	1	2	4	1	1	9
	%1	11.11	22.22	44.44	11.11	11.11	
	%2	2.63	8.33		11.11	33.33	
겁재	명	3	1	0	1	0	5
	%1	60	20		20		
	%2	7.89	4.17		11.11		
식신	명	4	2	0	2	1	9
	%1	44.45	22.22		22.22	11.11	100
	%2	10.53	8.39		22.22	33.33	
상관	명	3	3	0	1	0	7
	%1	42.86	42.86		14.28		
	%2	7.89	12.5		11.11		
편재	명	6	4	0	0	0	10
	%1	60	40				
	%2	15.79	16.67				
정재	명	4	3	0	0	0	7
	%1	57.14	42.86				
	%2	10.53	12.5				
편관	명	2	1	0	2	0	5
	%1	40	20		40		
	%2	5.26	4.17		22.22		
정관	명	8	3	0	2	1	14
	%1	57.14	21.43		14.29	7.14	
	%2	21.05	12.5		22.22	33.33	
편인	명	3	3	1	0	0	7
	%1	42.86	42.86	14.28			
	%2	7.89	12.5	16.67			
정인	명	4	2	1	0	0	7
	%1	57.14	28.57	14.28			
	%2	10.53	8.33	16.67			
집계	명	38	24	6	9	3	80
	%	47.5	30	7.5	11.25	3.75	

%1은 격국별 빈도, %2는 계열별 빈도

6개 계열을 비교한 결과 인문계열은 편재격에 해당하는 인원이 6명으로 60%에 해당하였으며, 그 다음으로 정관격이 8명으로 57.14%를 차지하였다.

◈ 교육계열은 상관격, 정재격, 편인격에서 유리하게 나타났다.
◈ 의학계열은 비견격이 유리한 것으로 나타났다.
◈ 미술계열은 식신격과 편관격이 유리하게 나타났다.
◈ 음악계열은 비견격과 식신격이 유리하게 나타났다.

5개 계열은 타 대학도 마찬가지로 많은 인원을 모집하지 않기 때문에 설문조사에서도 많은 참여가 이루어지지 않았다. 그만큼 직업을 선택하는 데에도 선택의 폭이 적을 수밖에 없다는 것을 보여준 사례이다.

전체응답자 306명 중 5개 계열에 진학한 인원이 80명으로 26.14%에 해당하였다.

N : 306명

구분	진학 세운									
	비견	겁재	식신	상관	편재	정재	편관	정관	편인	정인
비견격	4	3	3	4	3	3	3	4	3	1
겁재격	1	3	5	2	2	0	1	1	1	5
식신격	5	1	1	1	5	2	3	4	2	4
상관격	3	5	3	4	1	6	2	6	3	0
편재격	3	2	3	1	4	2	2	1	6	2
정재격	4	2	6	0	3	3	1	6	3	5
편관격	2	2	1	2	4	2	5	4	2	3
정관격	6	2	3	2	0	5	4	9	1	6
편인격	6	2	5	3	4	4	1	2	3	3
정인격	3	4	1	5	3	1	3	4	6	6
계	37	26	31	24	29	28	25	41	30	35

격국과 진학 세운을 십성으로 분류하여 본 결과 다음과 같다.

❖ 비견격은 진학 세운이 상관운일 때 유리하였다.

❖ 겁재격은 진학 세운이 식신운일 때 많았다

❖ 식신격은 편재운이 유리하였다.

❖ 상관격은 정재운이 유리하였다.

❖ 편재격은 편인운이 유리하였다.

❖ 정재격은 식신운이 유리하였다.

❖ 편관격은 편관운이 유리하였다.

❖ 정관격은 정관운이 유리하였다.

❖ 편인격은 비견운이 유리하였다.

❖ 정인격은 편인운이 유리하였다.

N : 306명

구분	중요성			비고
	학교가 더 중요	학과가 더 중요	모르겠다	
甲	13	17	3	33
乙	16	19	1	36
丙	13	11	5	29
丁	7	13	4	24
戊	15	11	4	30
己	10	14	6	30
庚	11	16	3	30
辛	12	15	3	30
壬	11	17	3	31
癸	5	24	4	33
계	113 36.93%	157 51.31%	36 11.76%	306

　지금도 교육현장에서는 진학에 대해서는 과목별 성적이 뛰어난 분야를 기준하여 학과를 선택하도록 유도하고 있다. 여기에서 한 단계 발전된 것이 성격심리검사를 실시하여 진학에 대해 안내하고 있다.

　명리학에서도 1차 내재되어 있는 성격을 기준하여 계열을 정하고 그 다음에 구조를 통하여 진학에 대한 정보를 제공하고 있다. 보다 정확성을 검증하기 위하여 인문계고등학교 남, 여학교 3학년 전체 학생을 대상으로 분석한 자료와 명문대를 진학한 재학생을 토대로 유의미한 관계가 있다는 것을 알 수 있었다. 또한 학생들의 인식변화가 학교를 더 선호하기 보다는 자신에게 적합한 계열과 학과를 중요시한다는 것을 표를 통하여 검증하였다.

　다만 많은 학생들이 진학시 담임교사나 진학상담교사들에게 상담을 받아 진학을 하는 경우보다 자신이 결정한다는 응답이 70%에 해당한다는 결과가 나왔다.

2
결론

명리학의 일간과 결국을 통하여 계열과의 관계성에 대해 살펴보았다. 앞으로 명리학이 인간의 운명을 판단하는 학문으로서는 유일하지만 진학생들에게 꿈과 희망을 주기 위하여 부단한 노력을 게을리하지 않아야 한다.

지금까지 학생들에게 적성을 찾아주기 위하여 교육학이나 심리학에서는 많은 노력을 기울여 왔다.

금번 저서에서는 서울대생만을 기준하여 통계분석한 자료를 기준하여 출간하였지만 아쉬움이 많았다. 더 많은 학생들을 대상으로 설문조사를 실시하고 데이터를 분석해야 하는데 설문조사를 받기가 쉽지 않았음을 아쉽게 생각한다. 현재 설문조사를 실시하고 있는 대학이 이화여대생들의 사주구조와 계열과의 관계에 대해서 분석 중에 있으며, 나아가 교육대생들을 기준하여 설문조사가 완료되었다. 교육대에는 세부적으로 어떤 학과들이 있으며, 격국과 학과와의 관계를 분석하고 있는 중이다.

명리학이 많은 학생들에게 미래를 결정하는데 큰 도움이 되도록 최선을 다할 것을 약속드리며 『명리 진학정보론』을 출간하게 되었다.

맨디 신학정보론

명문대 학생들을 모델로 한

명리 진학정보론

1판 1쇄 인쇄 | 2014년 1월 14일
1판 1쇄 발행 | 2014년 1월 21일

지은이 | 홍재관 · 안성재
펴낸이 | 문해성
펴낸곳 | 상원문화사
주소 | 서울시 은평구 신사1동 32-9호 대일빌딩 2층(122-882)
전화 | 02)354-8646 · **팩시밀리** | 02)384-8644
이메일 | mjs1044@naver.com
출판등록 | 1996년 7월 2일 제8-190호

책임편집 | 김영철
표지 및 본문디자인 | 개미집

ISBN 979-11-85179-03-2 (03180)

이 도서의 국립중앙도서관 출판시도서목록(CIP)은 서지정보유통지원시스템 홈페이지
(http://seoji.nl.go.kr)와 국가자료공동목록시스템(http://www.nl.go.kr/kolisnet)에서
이용하실 수 있습니다.(CIP제어번호: CIP2013028580)